LAS
PASTAS

LAS PASTAS

A. P. Larson

IBERLIBRO

© EDITORS, S.A.
Industria, s/n. - Pol. Industrial Sur
Tel. 93 841 03 51 • Telefax 93 841 23 34
08450 Llinars del Vallés (Barcelona)
E-MAIL: iberlibro@iberlibroediciones.com
Imprime: Gráficas 94, S.L.
Sant Quirze del Vallès
(Barcelona)
Printed in Spain - Impreso en España
Depósito Legal: B.46.447-2003
ISBN: 84-459-0472-8

Introducción

La mayoría de personas que consume platos a base de pasta de harina de trigo, de arroz o de fécula de patata, por no citar otras, suele asociar dicha pasta con Italia, y por eso es muy corriente oír hablar de «pasta italiana» refiriéndose a los macarrones, los fideos, los lacitos, los tornillos o los espaghetti.

En realidad, hoy día no es solamente en Nápoles, Roma o Milán donde sirven unos platos exquisitos de pasta con los nombres de «fusilli» (fideos), «fettucine», «pappardelle» y «tagliatelle», todos ellos englobados bajo la denominación genérica de «pasta all'uovo» o «pastaciutta», sino que su consumo se ha extendido ampliamente a otros muchos países, entre los cuales brilla con luz propia España.

Lo cierto es que, realmente, no fueron los italianos los verdaderos inventores de esta pasta hecha sencillamente con harina y agua, amasada con huevo, puesto que tal honor corresponde a los primitivos habitantes de Asia oriental, de modo especial a los chinos, quienes supieron confeccionar de un modo particular fideos, macarrones y cintas, dándoles un sabor exquisito que todavía sigue siendo una delicia para el más delicado paladar.

Sin embargo, han sido los italianos los que han extendido sus variadas pastas por el mundo entero, hasta el punto de que apenas hay un restaurante en Occidente en cuya minuta no figure, en lugar destacado, un plato de «pasta italiana», de manera casi común los «raviolis» (pasta rellena) o los «canelones», también rellenos con carne, pescado o verduras, inventados por el célebre compositor Rossini, cuyo nombre ostentan.

Si, por otra parte, nos remontamos en el tiempo, puede afirmarse que la harina de algunos cereales, fue uno de los alimentos más antiguos de la Humanidad, y así, a medida que fue avanzando la agricultura, se añadieron otras harinas a las primeras, como las de soja, de judías y de arroz, permitiendo con ello una gran variedad de pastas, tanto en forma como en tamaño: tallarines, estrellas, tornillos...

A este respecto, justo es reconocer que los orientales son unos auténticos magos en la creación de platos de pasta, ya frita o en sopas, pero siempre con un sabor inimitable.

Siguiendo con la Historia, las pastas de China pasaron a Rusia, y de ahí al resto de Europa, y así nombres como Kudjumy, Wareniki, Pelmeni, Manty o Pletschinta, sabrosos platos internacionales de pasta, debidamente confeccionados, son sin duda maravillosos y bien conocidos de los buenos gastrónomos.

En general, cada país posee sus especialidades a este respecto, pero lo que caracteriza a casi todos los platos a base de pasta en todos los países, es el queso rallado, siendo el llamado de Parma el más adecuado y más utilizado.

¿Puede acaso darse algo mejor que un plato de macarrones, adornados con copos de mantequilla y queso rallado, y gratinados al horno? Son también muy sabrosas y nutritivas las ensaladas de fideos, con los que también se pueden confeccionar platos dulces.

En conjunto todas estas clases distintas de pastas armonizan muy bien con una buena bechamel y otras salsas y jugos, constituyendo siempre y en todas partes, unos platos alimenticios y sanos, que en realidad necesitan muy poco acompañamiento y aderezo para estimular el apetito.

Todas estas pastas se pueden fabricar en la cocina casera, puesto que no presenta su confección ninguna dificultad ni complicación. Basta buena voluntad y paciencia para preparar una masa conveniente, según a qué clase de pasta se destine la misma. Por lo general, existe la creencia de que la pasta engorda. Esto es totalmente erróneo, puesto que la pasta, al estar hecha casi exclusivamente de harina de cereal, no contiene albúmina en exceso ni grasas (especialmente si la salsa acompañante es ligera), mientras que aporta muy pocas calorías. Por tanto, puede afirmarse que la «pasta italiana» da lugar a un cantidad numerosa de platos nutritivos, apetitosos y sencillos por demás.

EL EDITOR

LA PASTA HECHA EN CASA

Receta para fabricar pasta para cuatro personas:

Harina: 300 grs.
Huevos frescos, a temperatura ambiente: 3 unids.
Aceite de oliva, a temperatura ambiente: 3 cucharadas
Sal

Se vierte la harina dentro de un molde profundo. Más tarde, se añaden el resto de los ingredientes y se mezcla todo con un tenedor, con el fin de conseguir una masa homogénea y consistente.

Una vez fuera del molde, se amasa con las manos durante 10 ó 15 minutos, dando a la pasta más consistencia. Se puede verter alguna gota de aceite o agua, si es necesario, para darle soltura ó harina para el caso contrario. Más tarde, se colocará la masa en una bandeja precalentada, dejándola en reposo por espacio de media a una hora aproximadamente.

Se cortan dos o tres porciones con la masa y se enrollan. Las porciones restantes se enrollan seguidamente con la ayuda de un rodillo. A continuación se extrae el rodillo, y cada porción tomará la forma de un tubo hueco, con un grosor aproximado de unos 2 ó 3 mm. como máximo.

Inmediatamente después, se cortará la pasta con un cuchillo afilado, en porciones de unos 2 cms. de grosor aproximadamente.

Estas porciones se desenrollan, obteniendo así unas cintas de pasta, que más tarde se cocerán en agua con sal y una cucharada de aceite de oliva, estando a punto tras unos 3 ó 5 minutos de cocción.

Si tenemos una máquina para elaborar fideos, procederemos como se ha indicado, amasando la harina y los demás ingredientes con las manos, con el fin de obtener una masa homogénea y consistente.

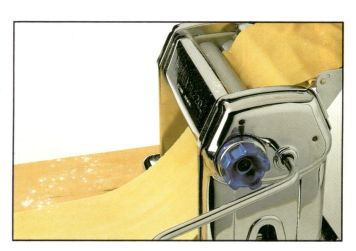

Haremos una especie de bola y a continuación la iremos aplastando para obtener una capa fina y ligera. Esta operación la repetiremos varias veces hasta conseguir que la masa carezca totalmente de poros. De esta forma, conseguiremos una capa delgada y sutil, que iremos introduciendo suavemente en la máquina.

A continuación dejaremos reposar la pasta durante 5 minutos aproximadamente, y se procederá a dar vueltas a la manivela, de esta forma irá apareciendo la pasta ya seccionada en fideos finos, que cortaremos a la medida deseada. A continuación se cuecen estos fideos en agua con sal por un tiempo aproximado de 3 a 5 minutos.

TABLA
DE SIMBOLOS

 EN CADA RECETA SE INDICA EL TIEMPO DE PREPARACION.

 EN CADA RECETA SE INDICA EL COSTO DEL PLATO, DE MENOR A MAYOR, SEGUN EL NUMERO DE SIMBOLOS.

 EN CADA RECETA SE INDICA EL NUMERO DE RACIONES.

CANELONES DE POLLO

60 MIN.   **4 RACIONES**

INGREDIENTES

Canelones: 16 unids.

Pechuga de pollo (hervida o asada):
1 unid., Higadillos de pollo: 4 unids.

Carne de cerdo picada: 100 grs.

Foie-gras: 30 grs.

Cebolla mediana: 1 unid.

Tomate frito: 1 latita

Mantequilla, Aceite, Queso rallado

Para la salsa bechamel:

Mantequilla: 50 grs.

Harina: 2 cucharadas, Leche: 1/2 litro

Nuez moscada, Sal

PREPARACION

Se preparan los canelones como se indique en el paquete y se escurren sobre un paño. En 1/2 vasito de aceite se sofríe la cebolla picada hasta que sea transparente. Se añade la carne y los higadillos picados, se remueve y se fríen hasta que tomen color. Se agrega la pechuga picada, el foie-gras y se remueve; se añaden 2 cucharadas de tomate frito, se sazona y se cuece a fuego bajo 3 minutos. Se reparte este relleno sobre los canelones y se enro-llan. Se ponen en una fuente refractaria de bordes altos, untada con mantequi-lla. Se prepara una bechamel clara con los ingredientes indicados. Se añaden a la bechamel 2 o 3 cucharadas de tomate frito y se bañan los canelones con esta salsa. Se espolvorean con queso ralla-do y se gratinan a horno fuerte.

CANELONES A LA CATALANA

90 MIN.   **4 RACIONES**

INGREDIENTES

Requesón: 300 grs.

Piñones: 100 grs.

Nata: 1/2 litro

Pasas remojadas: 100 grs.

Vino blanco seco: 1 vasito

Canelones: 500 grs.

Mantequilla: 100 grs.

Jamón cocido: 200 grs.

Cebolla: 1 unid.

Guindilla: 1 pedazo

Queso rallado: 100 grs.

Semillas de comino

Pimienta, Sal

PREPARACION

Se prepara la salsa calentando la nata y añadiendo a la misma el requesón desmenuzado, los piñones y las pasas, la cebolla pelada y triturada, la sal, la pimienta, el pedazo de guindilla picado, el jamón cocido cortado a daditos, y el vino. La salsa hervirá a llama muy baja. Aparte, se hierven los canelones en su punto y se escurren. En una cazuela refractaria untada con mantequilla, se coloca una capa de canelones, se cu-bren con un poco de salsa, se espolvo-rean con queso rallado, y se continúa esta operación terminando con una capa de salsa, espolvoreada abundan-temente con queso rallado y salpicada con las semillas de comino. Se introdu-ce al horno algo más de media hora.

11

CANELONES RELLENOS DE CAZA MAYOR

 $$$

60 MIN.   **4 RACIONES**

INGREDIENTES

Para el relleno:

Cebolletas: 2 unids., Ajo: 1 diente, Carne de venado: 250 grs.

Jamón cocido: 60 grs., Hígado de pollo: 150 grs., Perejil: 1 manojo

Mantequilla: 50 grs., Mantequilla para el molde, Coñac: 1 vasito

Nata dulce: 1/8 a 1/4 de litro, Sal, Pimienta negra molida

Guindilla picada: 1/2 cucharadita, Mejorana: 1/2 cucharadita

Corteza de limón rallada: una cucharadita, Huevos: 2 unids.

Pan rallado: 4 cucharadas, Canelones congelados: 12-16 unids.

Para la salsa:

Mantequilla: 45 grs., Harina: 40 grs., Leche: 1/2 litro

Sal, Pimienta blanca molida, Salsa de Worcestershire: unas gotas

Mantequilla para el molde.

PREPARACION

Para el relleno: se lavan las cebolletas y se cortan en anillos, y se machaca el diente de ajo. Se pica la carne. El jamón y el hígado de pollo se cortan en rodajas finas. Se trincha el perejil (reservando un poco para la guarnición). Se pone la mitad de la mantequilla en una sartén y se fríe la cebolla. Se agrega el apio, y luego se disponen estos dos ingredientes en una bandeja. En la sartén se fríen los higadillos de pollo, un minuto y medio o dos, y se mezclan con la cebolla. Se pone al fuego el resto de la mantequilla y se cuece en ella la carne de venado, picada. Se riega con el coñac, se agrega la nata, se cuece todo durante 6 u 8 minutos, y se condimenta con sal, pimienta, guindilla, mejorana, corteza de limón rallada y zumo de limón; finalmente, se mezcla a esto el higadillo, se com-

bina con el jamón, el perejil, el huevo y el pan rallado y, ya mezclado, se rellenan los canelones, antes descongelados.

Para la salsa: se pone al fuego la mantequilla, se añade la harina y se cuece unos minutos. Se agrega la leche caliente y se sigue la cocción unos minutos. Se condimenta. En un molde untado con mantequilla se vierte la salsa, se colocan los canelones, y se riegan con el resto de la salsa. Se tapa el molde con papel de aluminio, y se mete en el horno 40 minutos, a 190° C. Se adornan con perejil.

Estos canelones son realmente exquisitos, tanto más cuanto que el resto de los ingredientes realza el buen sabor que ya tienen, es un plato adecuado para todas las estaciones, y especialmente para el invierno.

PAPPARDELLE CON MENUDILLOS

 $$

105 MIN.   **4 RACIONES**

INGREDIENTES

Menudillos de caza (liebre, perdiz, etc...): 400 grs.

Coñac: 1 vasito

Mantequilla: 50 grs.

Hojitas de salvia

Nata: 1/2 litro

Nuez moscada

Limón: 1 corteza

Jugo de carne concentrado: 1 vaso

Pappardelle fresca: 400 grs.

Pimienta

Sal

PREPARACION

Se lavan y pican los menudillos con cuidado, y se echan en frío en una sartén, con mantequilla y hojas de salvia machacadas, y se inicia la cocción a fuego lento, bañándola poco a poco con la nata; la llama estará muy baja, y se remueve a menudo. Se riega con un poco de coñac y se añade una pizca de sal, pimienta y nuez moscada, y finalmente la corteza rallada de limón. En último término se baña con el caldo y se retira de la lumbre, reservándolo caliente. Se hierven en abundante agua con sal las pappardelle (tallarines anchos), hechas con pasta fresca blanca o verde, al gusto. Se escurren y pasan por agua fría, y se condimentan con la salsa preparada. Luego, se vierten en la superficie 2 cucharadas de coñac y se sirve a la mesa, flameándolo.

MACARRONES CON QUESO

 $$

60 MIN.   **4 RACIONES**

INGREDIENTES

Macarrones: 1/4 de kg.

Mantequilla: 50 grs.

Harina: 50 grs.

Leche: 1/4 de litro

Queso rallado: 100 grs.

Carnita: 1 tarrito

Tomates pequeños: 2 unids.

Pan tostado, Perejil, Sal

PREPARACION

Se cuecen los macarrones en agua con sal durante 20 minutos. En una cazuela aparte se prepara una salsa blanca calentando la mantequilla, y rehogando la harina, añadiendo la leche, sin dejar de remover para que no se formen grumos. Luego se le incorpora el queso rallado, reservando un poco para el gratinado. Acto seguido se añaden los macarrones bien escurridos, dándoles unas vueltas y a continuación se vierte todo en una fuente refractaria untada con mantequilla, esparciendo por encima de los macarrones el queso rallado restante y copitos de mantequilla. Con la carnita preparada y formada como tiras alargadas se forman unos rollos que se enhebran, alternativamente, con mitades de tomate y se introducen en el horno junto con los macarrones para que queden bien asados y los macarrones gratinados. Se sirven adornando la fuente con tostadas de pan y ramitas de perejil.

SOPA DE MACARRONES

50 MIN.   **4 RACIONES**

INGREDIENTES

Macarrones: 150 grs.
Salsa de soja: 50 grs.
Cebollas medianas: 2 unids.
Aceite
Perejil: 2 ramitas
Sal

PREPARACION

Se cuecen los macarrones en agua hirviendo, con un puñadito de sal y una cucharadita de aceite para que no se peguen. A los 15 minutos se retiran del fuego, se escurren y se pasan por agua fría a fin de que queden sueltos. Se reserva el caldo de hervirlos. Aparte, en una cazuela, se sofríen las cebollas picadas finas, y cuando hayan tomado color se agregan los macarrones. Acto seguido se añade el caldo reservado y se vuelve a poner todo a fuego bajo y se incorpora la salsa de soja. Se deja hervir durante 20 minutos, removiendo de vez en cuando. Una vez hecha la sopa se retira del fuego y se espolvorea con el perejil trinchado.

PASTA FRESCA DE AVENA

60 MIN.   **4 RACIONES**

INGREDIENTES

Harina de avena: 300 grs.
Harina integral fina: 200 grs.
Huevos: 2 unids.
Aceite: 2 cucharadas
Sal

PREPARACION

Se mezclan las dos clases de harina y se extienden sobre una tabla limpia. Se hace un hueco en el centro, donde se cascan los huevos, incorporando también el aceite y la sal. Se amasa todo con las manos hasta que tome consistencia. Si la masa quedase excesivamente seca o se resquebrajara, se agrega un vasito de agua tibia. Se continúa trabajando la masa hasta que tenga elasticidad, dejándola luego reposar durante media hora, tapada con un paño limpio. Pasado dicho tiempo, se extiende la masa con la ayuda del rodillo, hasta que se consiga una hoja fina, enharinando bien la tabla de amasar y espolvoreando la pasta con harina. Puede consumirse fresca o seca, a gusto, cortándola del tamaño que se desee.

PAÑUELITOS ENROLLADOS

45 MIN. **4 RACIONES**

INGREDIENTES

Para la masa:

Harina de trigo: 50 grs., Sémola de grano duro: 20 grs.,

Huevos: 1 unid., Yema de huevo: 1 unid., Sal

Acelgas: 4 hojas., Sal, Aceite de oliva; una cucharada,

Filetes de sollo o merluza (pueden ser congelados): 200 grs.,

Zumo de limón: una cucharadita, Huevos; 2 unids.,

Pan rallado: 6 cucharadas, Pimienta, Cebollas: 1 unid.,

Ajo: 1 diente, Nata dulce: 200 ml., Mantequilla: 20 grs.

PREPARACION

Para la masa: Se opera tal como se indica en las páginas 7, 8 y 9. Se corta en cuadraditos de unos 8 cms. por lado. Se limpian y se estiran bien las hojas de acelga. Se lava en agua del grifo y se cuecen unos 2 minutos en agua con sal; se pasan de nuevo por el agua del grifo y se dejan escurrir. Los pañuelitos se cuecen unos minutos en agua salada, a la que se añade una cucharada de aceite. Se revuelven los huevos batidos con el pan rallado y se salpimenta. A continuación, se pasan las hojas de acelga por el huevo batido así como los filetes de pescado, y colocando un pañuelito debajo, un filete de pescado encima y una hoja de acelga; tapándolo todo, se enrollan las tres unidades. Se mezclan la cebolla y el ajo bien picados, y se calienta la mantequilla en un recipiente adecuado, donde se cuecen la cebolla y el ajo durante 1 minuto, añadiendo acto seguido la nata, y cociéndolo todo 2 minutos más. Finalmente, se introducen los pañuelitos enrollados, con la mezcla de cebolla, ajo y nata, en un molde, que se pone en el horno, a 180° C entre 8 y 12 minutos, tras lo cual se sirven bien calientes.

MACARRONES CON PICADILLO DE CARNE

 $$

60 MIN.   **4 RACIONES**

INGREDIENTES

Macarrones: 400 grs.
Carne de cerdo picada: 200 grs.
Mantequilla: 50 grs.
Queso rallado: 50 grs.
Tomates maduros: 300 grs.
Cebolla mediana: 1 unid.
Aceite
Sal

PREPARACION

Se cuecen los macarrones en agua ligeramente salada, agregando una cucharada de aceite en el momento en que éstos comiencen a hervir. Luego, se escurren bien y se enfrían bajo el grifo (han de cocer durante 20 minutos). Mientras tanto, se prepara un sofrito a base de cebolla finamente picada. Cuando ésta comience a dorar, se incorpora la carne de cerdo picada, y a continuación los tomates, mondados y desmenuzados o triturados. Se sazona al gusto y se deja reducir la salsa un poco (unos 20 minutos), removiendo de vez en cuando. Finalmente, se ponen los macarrones en una fuente refractaria que vaya bien en el horno, se rocían con la salsa de picadillo de carne, se disponen trocitos de mantequilla y se espolvorea el conjunto con el queso rallado. Se gratinan a horno moderado durante 15 minutos, momento en que se retira la preparación del horno y se sirve seguidamente.

PASTA PARA FIDEOS

 $

120 MIN.   **4 RACIONES**

INGREDIENTES

Harina integral: 200 grs.
Harina de sémola de grano duro: 150 grs.
Sal: 1 cucharada
Huevo: 1 unid.

PREPARACION

Se mezclan las dos harinas y se ponen en el mármol en forma de volcán, haciendo un hueco en el centro, donde se vierte la sal y agua tibia, trabajando para lograr una masa que ha de quedar blanda y elástica. Se forma otro hueco en la masa y se vierte en él el huevo, volviendo a amasar, agregando un poco de harina integral para que la masa quede blanda. Con ayuda del rodillo se estira la masa hasta dejarla en una capa fina sin huecos. Se dobla en dos, se vuelve a extender y se repite esta operación hasta ocho veces de modo que la pasta quede finalmente bien fina. Se corta la lámina en tiras delgadas para hacer los fideos.

POLENTA CON SALCHICHAS

60 MIN.   **4 RACIONES**

INGREDIENTES

Harina de maíz: 500 grs.
Carne de cerdo picada: 100 grs.
Salchichas: 8 unids.
Mantequilla: 100 grs.
Queso rallado: 100 grs.
Zanahoria: 1 unid.
Tronco de apio: 1 unid.
Leche: 1 vaso
Vino tinto seco: 1 copa
Salsa de tomate: 3 cucharadas
Cebolla mediana: 1 unid.
Pimienta
Sal

PREPARACION

Se lavan y pican menudamente las hortalizas, sofriéndolas luego en mantequilla bien caliente. A continuación se agregan al sofrito las salchichas, desprovistas de piel y menudamente troceadas, así como la carne picada, removiendo bien el conjunto. Se riega luego todo con el vino y se deja cocer unos minutos, instante en que se añade la leche y la salsa de tomate, prolongando la ebullición hasta que la salsa haya espesado un poco. Entretanto, se prepara la polenta, se vuelca encima de una tabla limpia y, durante unos minutos, se mantiene tapada con un paño limpio. Se cubre con las salchichas y su salsa, y se sirve condimentada con queso rallado.

TARTA DE MACARRONES

60 MIN.   **4 RACIONES**

INGREDIENTES

Macarrones: 200 grs.
Huevos: 2 unids.
Bizcocho molido: 1 taza
Queso rallado: 100 grs.
Mantequilla: 50 grs.
Aceite
Sal

PREPARACION

Se cortan a pedazos los macarrones y se ponen a hervir en agua con sal, añadiendo una cucharada de aceite para que no se peguen. Luego se escurren y se mezclan con los huevos batidos, y con los demás ingredientes, removiendo bien. Una vez obtenida una pasta consistente, se vierte en una fuente refractaria, untada con mantequilla, se espolvorea la superficie con el queso rallado y se gratina a horno moderado durante 15 minutos. Se sirve caliente.

CANELONES DE HARINA INTEGRAL CON RELLENO DE CARNE

60 MIN.

$$$

4 RACIONES

INGREDIENTES

Para la masa:

Harina integral: 225 grs., Huevos: 2 unids., Vino blanco: 25 ml.

Aceite de oliva: 2 cucharaditas, Sal

Para la cocción:

Aceite: una cucharadita

Para el relleno:

Tocino ahumado y magro: 80 grs., Apio: una pala

Zanahoria: 1 unid., Cebolla: 1 unid., Ajo: 1 unid.

Aceite de oliva: 2 cucharadas, Carne picada de buey: 250 grs.

Zumo de tomate: 2 cucharadas, Vino tinto: 75 ml.

Caldo: 75 ml., Sal, Pimienta blanca molida

Tomillo: 2 tallos, Laurel: una hoja, Pan rallado: 40 grs.

Huevos: 1 unid., Perejil: 1/2 manojo

Para la salsa bechamel:

Mantequilla: 45 grs., Harina: 40 grs., Leche: 40 grs., Sal, Pimienta blanca molida

Mantequilla para el molde, Queso rallado para adorno: 40 grs.

PREPARACION

Para la masa: Con la masa se cortan cuadrados de 10 cm de lado, y se cuecen en agua con sal y una cucharada de aceite. Una vez cocidos se reservan.

Para el relleno: el tocino, el apio y la zanahoria se limpian y se cortan en dados. Se pica la cebolla y se machaca el ajo. Se fríe el tocino en 2 cucharadas de aceite de oliva. Las hortalizas y la carne picada se cuecen 6 minutos con el tocino. Se añade el zumo de tomate. Se incorporan el vino tinto y el caldo, se salpimenta y se añaden el tomillo y la hoja de laurel. Se cuece todo 1/2 hora. Se quita la hoja de laurel y el tomillo, y se agregan el pan rallado y el perejil trinchado.

Para la salsa: se calienta la mantequilla en un cazo, se añade la harina y se cuece 2 minutos, agregando entonces la leche y cociéndolo todo de 8 a 10 minutos, revolviendo de vez en cuando. Se salpimenta al gusto.

El relleno se coloca en el centro de cada cuadrado de pasta, se enrollan éstos, y se ponen en un molde refractario, bañados con bechamel, y con una salpicadura abundante de queso rallado por encima. Se meten en el horno a 160° C de 6 a 12 minutos, para el gratinado.

Los canelones de harina integral de pastelería tienen un sabor exquisito, más aún rellenos de carne.

MACARRONES A LA MARINERA

45 MIN.   **4 RACIONES**

INGREDIENTES

Langostinos: 750 grs.
Tomates maduros: 5 unids.
Pimienta negra
Tomillo
Laurel
Perejil
Macarrones: 300 grs.
Aceite
Sal

PREPARACION

Se hierve agua en una olla, con sal y cuando arranque a hervir se echan los langostinos, se apaga el fuego y se mantiene la olla tapada. Aparte, en una cazuela, se calienta aceite, con unas hojas de laurel, añadiendo la salsa de tomate y el tomillo trinchado. Se retiran los langostinos de la olla y se incorporan a la cazuela, removiendo con cuidado para que no se rompan los langostinos. Se hierven aparte los macarrones al diente, se escurren y se mezclan con los langostinos y la salsa, salteándolos unos minutos a fuego vivo. Se sirven espolvoreados con pimienta negra y perejil.

TALLARINES CON CHORIZO

 $$

60 MIN.   **4 RACIONES**

INGREDIENTES

Tallarines: 250 grs.
Queso rallado: 100 grs.
Mantequilla: 50 grs.
Chorizo (de buena calidad): 100 grs.
Pimienta negra: 4 granos
Salsa de tomate: 1 taza
Tomillo: 1 ramita
Laurel: 2 hojas
Perejil: 2 ramitas
Aceite, Pimienta, Sal

PREPARACION

Se cuecen los tallarines en agua ligeramente salada, junto con el laurel, el tomillo y una cucharada de aceite. Una vez en su punto, se escurren bien y se pasan por agua fría. Aparte, en una sartén se fríe el chorizo, cortado a trocitos, retirándolo cuando esté bien doradito. En la misma grasa se vierte el tomate, se añade el perejil finamente trinchado, la pimienta y la sal. Se deja espesar la salsa durante 10 minutos, removiendo de vez en cuando. Finalmente, se toma una fuente refractaria apropiada al horno, untada con abundante mantequilla, se colocan los tallarines, se vierte la salsa sobre los mismos, así como el chorizo ya frito. Se espolvorea el conjunto con el queso rallado y se disponen trocitos de mantequilla sobre la superficie de la fuente. Se gratina la preparación, a horno moderado, por espacio de 15 minutos.

ESPAGUETIS A LA ESPAÑOLA

30 MIN.   **4 RACIONES**

INGREDIENTES

Espaguetis: 200 grs.
Pimiento verde: 1 unid.
Manteca: 60 grs.
Huevos: 2 unids
Cebolla: 1 unid.
Sal

PREPARACION

Se corta el pimiento por la mitad y se eliminan las semillas y los blancos. Luego, se corta a trocitos diminutos. Se pela y pica la cebolla, y en una cacerola se derrite la mitad de la manteca, y se fríen la cebolla y el pimiento hasta que se ablanden bien, agregando después el resto de la manteca y los espaguetis ya cocidos y pasados por agua fría. Se baten los huevos con la leche y una pizca de sal y se vierten sobre la mezcla de los espaguetis, revolviendo hasta que los huevos vayan quedando algo cuajados.

FIDEOS A LA CAZUELA (I)

60 MIN.   **4 RACIONES**

INGREDIENTES

Fideos gruesos: 500 grs.
Salchichas: 150 grs.
Costilla de cerdo cortada a trozos menudos: 300 grs.
Cebolla grande: 1 unid.
Tomates maduros: 200 grs.
Perejil: 2 ramitas
Aceite
Sal

PREPARACION

En una cazuela (a ser posible de barro) con aceite bien caliente se sofríen los trozos de costilla, agregando acto seguido la cebolla finamente picada, así como el perejil bien trinchado y los tomates, mondados y desmenuzados o triturados. Luego se incorporan las salchichas cortadas a trocitos y se deja rehogar el conjunto durante 20 minutos, removiendo de vez en cuando. Por último se incorporan los fideos, se cubre la cazuela con agua, se sazona con sal al gusto y se deja cocer la preparación, a fuego moderado, hasta que los fideos estén en su punto, momento en que se deja reposar la preparación por espacio de 10 minutos y se sirve.

PESTO A LA MENTA SOBRE MACARRONES

24 MIN.   **4 RACIONES**

INGREDIENTES

Piñones: 60 grs.

Tallitos de menta: 8 unids.

Borraja: 10-12 hojas

Aceite de oliva: 8-10 cucharadas

Sal

Pimienta negra molida

Macarrones: 400 grs.

PREPARACION

Se fríen los piñones en una sartén. Se arrancan las hojitas de menta de los tallos, se lavan y se dejan escurrir. Acto seguido se trituran muy bien, hasta formar como un puré, con la borraja y los piñones, y a esto se le añade el aceite de oliva para facilitar la trituración, cosa que puede hacerse fácilmente en la batidora. Luego, se salpimenta convenientemente. Si es necesario se añade un poco más de aceite, para que el conjunto tenga consistencia. Los macarrones se cuecen en agua con sal durante 10 minutos, se disponen en una fuente y se riegan con el pesto anterior. Se sirven calientes.

Los piñones, el tan estimado producto del pino, constituyen uno de los frutos secos más ricos en vitaminas, grasas y proteínas, debiendo figurar en, por lo menos, un menú a la semana, bien en un primer o en un segundo plato, o en el postre.

TORNILLOS DE GERONA

 $$

90 MIN.   4 RACIONES

INGREDIENTES

Cebolla: 1 unid.

Apio: una rama

Zanahoria: 1 unid.

Ajo: 2 dientes

Carne magra: 200 grs.

Chorizo picante: 100 grs.

Carne de cordero y cerdo mezclada: 400 grs.

Aceite: un vaso

Vino blanco seco: un vaso

Requesón: 200 grs.

Guindilla

Salsa de tomate: 4 cucharadas

Tornillos: 400 grs.

Pimienta

Sal

PREPARACION

Se pica la cebolla, el apio, la zanahoria, el ajo, la carne magra, el chorizo y el resto de la carne y se pone a cocer con el aceite, remojándolo poco a poco con el vino. Se añade a esta salsa el requesón desmenuzado y se salpimenta, añadiendo un poco de guindilla. Finalmente se agrega el tomate y se continúa la cocción durante una hora más. Aparte, se hierven los tornillos y una vez al diente, se condimentan con la salsa hirviendo.

MACARRONES CON BECADAS

 $$$

75 MIN.   4 RACIONES

INGREDIENTES

Becadas pequeñas: 2 unids.

Mantequilla: 10 grs.

Macarrones: 400 grs.

Aceite: un vaso

Hierbas aromáticas (salvia, romero, albahaca, menta ,perifollo, etc...)

Cebolla: 1unid.

Ajo: 2 dientes

Coñac: una copita

Pulpa de tomate: 200 grs.

Queso fresco: 150 grs.

Unas cuantas trufas

Pimienta, Sal

PREPARACION

Se limpian las becadas, se flamean y se doran en aceite y mantequilla, con un triturado de las hierbas aromáticas, la cebolla pelada y picada, los dientes de ajo pelados y machacados, pimienta, sal y coñac. Cuando las becadas tomen el color dorado, se agrega la pulpa de tomate y se prosigue la cocción hasta que la carne de ave quede muy tierna. Entonces, se retiran las becadas del fuego y se trocean menudamente, conservándolas calientes. En una olla aparte, en agua con sal, se hierven los macarrones, y una vez al punto se escurren, se pasan bajo el agua del grifo, y se cubren con un buen puñado de queso fresco, cortado a láminas finas, se incorpora la salsa a los macarrones y encima se ralla la trufa.

MACARRONES CON PERDICES

 $$$

105 MIN. 4 RACIONES

INGREDIENTES

Perdices pequeñas: 4 unids.

Macarrones: 400 grs.

Tocino a lonchas: 250 grs.

Mantequilla: 50 grs.

Aceite: 1/2 vaso

Hierbas aromáticas (romero, salvia, mejorana, etc...)

Vino blanco seco: un vaso

Hígado de volatería: 200 grs.

Coñac: una copita

Nata: 1/4 de litro

Pimienta

Sal

PREPARACION

Se limpian bien las perdices, se flamean y se lavan, envolviéndolas en las lonchas de tocino; luego, se doran en mantequilla y aceite, agregando las hierbas aromáticas; se bañan con el vino blanco y se procede a su cocción. Se pica el hígado y se dora en el jugo de la cocción de las perdices, añadiendo el coñac y la nata; se remueve todo bien y se sazona con sal y pimienta. Aparte, se hierven los macarrones en abundante agua con sal y cuando estén en su punto se cuelan, se pasan por agua fría y se condimentan con la salsa de hígado; después, se calientan las perdices y se colocan en el centro de la fuente, sobre la pasta. Puede servirse como plato único.

MACARRONES CON SALSA DE VENADO

 $$$

105 MIN. 4 RACIONES

INGREDIENTES

Carne de venado: 400 grs.

Macarrones: 400 grs.

Champiñones: un puñado

Manteca: 50 grs.

Caldo: un vaso

Vino tinto fuerte: un vaso

Nata: 1/4 de litro

Granada: 1 unid.

Pimienta

Sal

PREPARACION

Se corta a pedazos la carne de venado y se dora en mantequilla. Luego, se riega con el caldo, se añade un puñado de champiñones bien limpios y cortados a láminas, y se baña todo con el zumo de la granada (puede sustituirse por zumo de naranja). Se sazona con sal y pimienta. Una vez bien cocida la carne de venado se pasa la salsa por la batidora y se añade la nata. Se hierven los macarrones en abundante agua con sal, se escurren, se pasan por agua fría y se incorporan a la salsa, mezclando y dejándolos cocer 5 minutos más. Se sirve muy caliente en platos precalentados.

CUADRADOS AL ESTILO AUSTRIACO

180 MIN.

\$

4 RACIONES

INGREDIENTES

Para la masa:
Harina: 250 grs.

Huevos: 2 unids.

Yema de huevo: 1 unid.

Sal

Para la guarnición:
Col blanca: 1/2 cogollo

Una cebolla

Tocino ahumado: 125 grs.

Manteca de cerdo: 35 grs.

Azúcar: una cucharada

Caldo: 1/8 de litro

Vino blanco: 1/8 de litro

Sal, Pimienta negra molida

Cominos: una o una cucharadita y media

Aceite de oliva para cocer los cuadrados: una cucharada

PREPARACION

Para la masa: con sus ingredientes se procede como se indica en páginas 7, 8 y 9, y se deja en una bandeja unos 45 minutos.

Para la guarnición: se deshoja la col y se cortan las hojas en juliana. Se corta la cebolla en anillos y el tocino en dados. En una sartén se echa la manteca y el azúcar y se revulve. El azúcar debe llegar a un punto de marrón. Se añade entonces la cebolla, y luego la col, revolviendo todo bien, y cociéndolo durante unos 3 minutos. Acto seguido, se agregan el caldo y el vino, junto con sal, pimienta y comino y se prosigue la cocción unos 25 minutos más.

La masa se pasa bajo el rodillo y se corta en cuadrados de unos 3 cms. de grosor. Luego, se cuecen en agua con sal, con una cucharada de aceite, unos 4 minutos. Se escurren y se incorporan a las hortalizas en una fuente a propósito. El tocino debe freírse hasta que quede crujiente, y se mezcla con los cuadrados y el caldo.

Este plato es una verdadera especialidad vienesa del siglo XVIII, cuando menos.

MACARRONES A LA MOJAMA

25 MIN. **4 RACIONES**

INGREDIENTES

Mojama: 100 grs.
Macarrones: 400 grs.
Aceitunas negras de Aragón: 150 grs.
Tomate maduro: 1 unid.
Aceite: un vaso
Albahaca
Sal
Pimienta

PREPARACION

Se corta la mojama a rodajas junto con el tomate a trocitos; se mezclan y se añaden al aceite, en la sartén, junto con las aceitunas negras y pimienta, dándoles una sola vuelta al instante y retirando la sartén del fuego. Se pone al fuego una olla con agua y sal, y cuando empiece a hervir se echan los macarrones, que se cocerán hasta su punto. Se dispone el condimento de la mojama en la sopera, dejando un poco de agua de la cocción de los macarrones; ya cocidos éstos, se devuelven a la sopera, se remueve todo y se sirve, con el adorno de la albahaca triturada.

MACARRONES CON PIMIENTOS

30 MIN. **4 RACIONES**

INGREDIENTES

Macarrones: 400 grs.
Pimientos: 2 unids.
Albahaca: un manojo
Aceite
Alcaparras
Pimienta
Queso rallado: 100 grs.
Sal

PREPARACION

Se lavan los pimientos, asándolos acto seguido directamente sobre la llama del fuego. Se les da vueltas hasta que la piel quede ennegrecida y entonces se pelan con un cuchillo, se eliminan las semillas y los blancos interiores, y se colocan en un cuenco con aceite y pimienta. Se tritura la albahaca y se añade a los pimientos. Los macarrones se hierven en una olla con abundante agua salada, una vez al punto se escurren con agua fría, condimentándose con el queso rallado, los pimientos y la salsa de los mismos, con la albahaca. Se añaden entonces las alcaparras bien lavadas y escurridas.

MACARRONES A LA DUQUESA

30 MIN. **4 RACIONES**

INGREDIENTES

Macarrones: 400 grs.
Coles de Bruselas: 350 grs.
Yemas de huevo: 2 unids.
Nata: 1/4 de litro
Nuez moscada
Queso rallado
Pimienta
Sal

PREPARACION

Se lavan y limpian bien las coles de Bruselas y se hierven en agua con sal; se escurren y se meten en una ollita sin dañarlas; se agrega la nata, las yemas de huevo, pimienta, nuez moscada y queso rallado. Esta ollita se mete dentro de otra mayor y se cuece su contenido al baño maría, removiendo de cuando en cuando. Se hierven aparte los macarrones en abundante agua con sal, y cuando estén al punto se escurren, se pasan por agua fría, y sobre los macarrones se vierte luego la nata con los huevos y las coles de Bruselas, mezclando todo bien antes de servir.

MACARRONES CON CALAMARES

45 MIN. **4 RACIONES**

INGREDIENTES

Macarrones: 40 grs.
Calamares: 600 grs.
Laurel: dos hojas
Aceite: un vaso
Ajo: 3 dientes
Perejil
Sal

PREPARACION

Se limpian los calamares, se golpean para ablandarlos y se echan en una olla, en frío, con agua abundante. Se agregan 2 hojas de laurel, y se llevan a ebullición hasta que los calamares queden bien blandos; luego, se escurren y se enfrían. En una sartén con aceite se dora un picado de ajo pelado y perejil. Los calamares se trocean bien y se añaden al sofrito, mezclando durante unos 18 minutos. Mientras, se hierven en agua con sal los macarrones, se escurren y pasan por agua fría, y se condimentan con los calamares y su salsa. Se mezcla todo y se recubre con ajo y perejil picados.

LASAÑA A LA ALMENDRA CON JUDÍAS SECAS

130 MIN.

$$$

4 RACIONES

INGREDIENTES

Para la masa:
Harina: 100-110 grs., Almendras machacadas: 35 grs.

Huevos: 1 unid., Yema de huevo: 1 unid., Sal

Para el relleno:
Judías secas (o judías Borlotti): 150 grs.

Laurel: 2 hojas, Ajos: 3 dientes

Cebollas coloradas: 3-4 unids., Berenjenas: 2 unids.

Tomates maduros (o de lata): 1 kg., Aceite de maíz: 7-8 cucharadas

Garam Masala (una mezcla india): 2 cucharaditas

Sal, Pimienta negra molida

Nata agria: 250 grs., Mantequilla para el molde.

Pan rallado: 4-5 cucharadas

Mantequilla para copos: 40 grs.

PREPARACION

Para la masa: con todos los ingredientes se forma la masa y se parte en láminas de 8 a 12 cm por lado.

Para el relleno: las judías se ponen al fuego en 3/4 de litro de agua, las 2 hojas de laurel y un diente de ajo, y se cuecen durante una hora y media. El resto de los ajos y las cebollas se pican. Se cortan en dados las berenjenas, y los tomates se pelan y trituran (no siendo de conserva). Se pone aceite al fuego y se fríen las cebollas y los ajos, las berenjenas con el Garam Masala, salando y dejándolo al fuego 5 minutos; las judías ya escurridas se mezclan con la nata y se condimenta con sal, pimienta y un poco de Garam Masala. Se ponen al fuego las hojas de lasaña durante 2 minutos, con aceite, un poco de agua y sal. Después, se retiran mediante una espumadera y se dejan encima de un lienzo de cocina. Se unta con mantequilla un molde, y en el mismo se disponen las judías mezcladas con las hortalizas, encima las hojas de pasta, y otra capa de judías y hortalizas. Se salpica todo con pan rallado y los copos de mantequilla y se introduce en el horno a 190° C, entre 25 y 35 minutos.

Desde los tiempos bíblicos es sabido que las almendras constituyen un manjar exquisito para todos los pueblos de Asia Menor, aunque desde hace muchos siglos forman también parte de la alimentación de los pueblos occidentales.

TORTILLA DE MACARRONES

 20 MIN. $ **4 RACIONES**

INGREDIENTES

Macarrones cocidos: 50 grs.
Huevos: 6 unids.
Queso rallado: 50 grs.
Aceite
Sal

PREPARACION

Se cortan menudamente los macarrones. Se baten los huevos, se salan al gusto y se mezclan con el queso rallado, incorporando finalmente los macarrones ya troceados. Se hace la tortilla en una sartén con aceite bien caliente, dorándola por ambos lados.

MACARRONES EN SALSA CATSUP

 60 MIN. $$ **4 RACIONES**

INGREDIENTES

Macarrones: 250 grs.
Salsa catsup: una botella
Crema de leche: 1/4 de litro
Queso rallado: 100 grs.
Pimienta blanca en polvo
Sal

PREPARACION

Se cuecen los macarrones en agua hirviendo ligeramente salada y con unas gotas de aceite, a fin de que no se peguen, por espacio de 20 minutos. Luego, se escurren bien, se enfrían bajo el grifo y se mezclan con la mitad del queso rallado, agregando la crema de leche, la salsa catsup, la sal y la pimienta. Finalmente, se vacía el conjunto en una fuente refractaria que vaya bien en el horno, se termina espolvoreando la superficie con el resto del queso rallado y se deja cocer la preparación, a horno moderado, por espacio de 20 minutos.

MACARRONES A LA PROVENZAL

45 MIN.   **4 RACIONES**

INGREDIENTES

Macarrones: 250 grs.
Berenjenas: 2 unids.
Tomates maduros: 150 grs
Chanpiñones: 100 grs.
Queso rallado: 50 grs.
Mantequilla: 100 grs.
Ajo: 2 dientes, Aceite, Sal

PREPARACION

Se ponen a hervir los macarrones en agua ligeramente salada, añadiendo una cucharada de aceite para que no se peguen. Tras 20 minutos de cocción, se escurren bien y se pasan por agua fría. Mientras tanto, se hace un sofrito en una sartén con aceite bien caliente, agregando los dientes de ajo finamente picados. Cuando éstos comiencen a dorar, se incorporan las berenjenas, mondadas y cortadas en rodajas muy finas y remojadas anteriormente en agua ligeramente salada. Se rehoga todo bien, añadiendo luego los tomates, mondados y triturados. Se deja cocer el conjunto durante 10 minutos, añadiendo posteriormente los champiñones, minuciosamente lavados y finamente trinchados. Por último, se calientan los macarrones en una sartén aparte con mantequilla, se colocan luego en una fuente apropiada y se riegan con la salsa del sofrito. Se espolvorean con queso rallado y se sirven inmediatamente.

MACARRONES GALLEGOS

45 MIN.   **4 RACIONES**

INGREDIENTES

Macarrones: 400 grs.
Guindillas: 2 unids.
Cebolla: 1 unid.
Vino blanco seco: un vasito
Aguardiente de orujo: una copita
Quesito en porciones: 1 unid.
Nata líquida: 150 grs.
Tomate triturado: 1/2 kg.
Aceite
Sal

PREPARACION

Se sofríe la cebolla pelada y triturada, y antes de que se dore se añade el vino blanco y el tomate triturado. A media cocción se agregan 2 guindillas y el queso en porciones, bien desmenuzado. Se prosigue la cocción 10 minutos más, y en el momento de servir se incorpora la nata líquida, calentando la salsa sin que hierva. Aparte, se habrán hervido los macarrones en abundante agua con sal, y se cuelan cuando estén al punto condimentándolos con la salsa, y espolvoreados con queso rallado.

LASAÑA AL PEREJIL CON MEJILLONES

 $$$

60 MIN.   **4 RACIONES**

INGREDIENTES

Para la pasta:

Harina: 150 grs., Huevos: 1 unid.

Yema de huevo: 1 unid., Sal

Aceite de oliva: una cucharadita

Agua: una cucharada

Perejil: 1/2 manojo

Chalotes: 2 unids.

Ajos: 2 dientes

Mantequilla: 40 grs.

Mejillones: 12 unids.

Sal, Pimienta blanca

Vino blanco y seco: 1/8 de litro

Caldo de pescado: 1/8 de litro

Nata dulce: 1/8 de litro

PREPARACION

Para la pasta: Una vez hecha la masa se deja en reposo.

Se lava el perejil y se pica. Se pican asimismo los chalotes junto con los dientes de ajo. Se pone al fuego la mantequilla, friendo en ella los chalotes y los ajos, sin que lleguen a tomar color. Se agregan los mejillones, y se salpimenta el conjunto. Al cabo de un minuto, se agregan el vino y el caldo de pescado, dejando cocerlo todo unos minutos más. Luego, se retiran los mejillones, que se guardan en caliente. Se mezcla la nata con la salsa y se sigue cociendo.

A continuación se enrolla la pasta de fideos, mezclándole el perejil, formando una lámina delgada tras otra. Esta especie de lasaña debe tener unos 8 x 8 cm. Se cuecen durante 3 o 4 minutos, se apartan del fuego y se disponen en una fuente, junto con los mejillones, ya sin valvas, y la salsa antes confeccionada.

Los mejillones se crían normalmente en viveros, por todo el litoral del Mediterráneo, y según los países adquieren diversos nombres, aunque el más genérico es el de moluscos. Pueden comprarse congelados, ya sin la valva.

POTAJE CON CINTAS

90 MIN.   **4 RACIONES**

INGREDIENTES

Judías pintas: 800 grs.
Patatas: 3 unids.
Zanahorias: 3 unids.
Endivia: 1 unid.
Rama de apio: 1 unid.
Tomates: 3 unids.
Cintas: 400 grs.
Carne magra: 100 grs.
Ajo: 1 diente
Perejil
Albahaca
Emmental: 100 grs.
Sal

PREPARACION

Se desgranan las judías, se ponen en una olla con agua y un poco de sal. Aparte, se pelan las patatas, se lavan y se cortan a trozos; se raspan las zanahorias y se parten; se limpia la endivia y se corta a tiras; se lavan y trocean los tomates, sin piel ni semillas, y finalmente se lava el apio y se corta a bastoncitos. Se añaden las verduras a las judías y se agrega agua hasta cubrir todos los ingredientes. Se rectifica de sal y se cuece a fuego moderado durante una hora. Después se añade la pasta y se remueve. Se prepara una picada con el ajo, la carne magra, el perejil y la albahaca y se vierte al potaje cinco minutos antes de sacarlo del fuego. Una vez en la sopera se espolvorea con el queso, rallado, y se sirve.

MACARRONES GUSTOSOS

60 MIN.   **4 RACIONES**

INGREDIENTES

Macarrones: 500 grs.
Filetes de anchoa: 8 unids.
Ajo: 3 dientes
Perejil: 2 ramitas
Tomates maduros: 200 grs.
Albahaca: unas hojas
Aceite
Pimienta
Sal

PREPARACION

Se hierven los macarrones en una olla con agua y sal y una cucharada de aceite. Entretanto, se prepara un sofrito con los tomates, pelados y desmenuzados, los dientes de ajo trinchados, las hojas de albahaca y el perejil trinchado. Todo ello se cuece a fuego lento durante 30 minutos, cuando se habrá formado una salsa consistente. Se incorporan los filetes de anchoa picados, se agrega una taza de agua y se prolonga la cocción 20 minutos más, removiendo de vez en cuando. Los macarrones se colocan en una fuente apropiada, vertiendo luego la salsa por encima.

PANADONES DE ESPINACAS

 $$

60 MIN.   4 RACIONES

INGREDIENTES

Espinacas: 1 kg.
Pasas de Málaga: 100 grs.
Piñones: 25 grs.
Harina: 225 grs.
Ajo: 2 dientes
Aceite
Sal

PREPARACION

Las espinacas se cuecen al vapor, sin agua y con sal, durante unos 3 minutos. Luego, se cortan con las tijeras. Aparte, en una sartén se fríen los ajos ya pelados y cuando empiecen a dorarse se añaden las espinacas, mezcladas con las pasas, cortadas por la mitad, y los piñones. Se saltean y se rectifican de sal. Mientras tanto, se ponen en la tabla de la cocina 175 gr. de harina y en el centro se echa aceite, sal y un poco de agua, para formar una masa fina, masa que se extiende con el rodillo. Una vez estirada, se forman unas circunferencias de unos 12 cms. de diámetro. Se rellenan con las espinacas salteadas y se unen los bordes, doblando por la mitad y enrollando un poco. Estos panadones se fríen en abundante aceite o se meten al horno, pintándolos con huevo batido.

MACARRONES CON PATÉ

 $$$

60 MIN.   4 RACIONES

INGREDIENTES

Macarrones: 250 grs.
Paté (a ser posible de una buena calidad: roquefort, a la pimienta, al strogoff, etc...) 150 grs.
Crema de leche: 1/4 de litro
Mantequilla: 50 grs.
Harina: una cucharada
Queso rallado: 100 grs.
Aceite
Pimienta
Sal

PREPARACION

Se cuecen los macarrones en agua ligeramente salada y con una cucharada de aceite durante unos 20 minutos. A continuación, se escurren y enfrían bajo el grifo. Aparte se hace una salsa con la mantequilla, el paté y la crema de leche, sazonándola al gusto con sal y pimienta. Se escoge un molde refractario que vaya bien en el horno y se unta con abundante mantequilla, colocando luego capas alternas de macarrones y salsa de paté y crema, terminando con mantequilla y espolvoreando el conjunto con queso rallado. Se gratina a horno moderado durante 15 minutos. Se sirven inmediatamente.

LASAÑA AL SALMÓN

70 MIN.   **4 RACIONES**

INGREDIENTES

Brócoli: 250 grs.

Sal, Pimienta blanca molida

Nuez moscada molida: una pizca

Cebolletas: 2 unids., Estragón: 1/2-1 manojo

Filetes de salmón: 600 grs.

Para la bechamel:

Mantequilla: 80 grs., Harina integral: 50 grs.

Vino blanco y seco: 1/2 litro

Nata dulce: 6 cucharadas

Mantequilla para el molde.

Lasaña: 150 grs. de hojas

Gouda semiseco, rallado: 80 grs.

PREPARACION

Se limpia el brócoli, y se separa por gajos. Luego, se cuecen en agua con sal durante 12 o 15 minutos, y se condimenta con sal, pimienta y nuez moscada. Se limpian las cebolletas y se cortan en anillos. Las hojas de estragón se separan de sus tallos. Los filetes de salmón se cortan en dados gruesos.

Para la bechamel: se ponen al fuego 50 grs. de mantequilla, y en ella se deslíe la harina integral, cociéndola brevemente. Se remueve bien y se añade la leche poco a poco, salpimentando y dejándolo al fuego entre 6 y 8 minutos. Mientras tanto, se pone a calentar mantequilla en una sartén honda, y se fríen las cebolletas durante 2 minutos, tras los cuales se agregan trozos de salmón, que se dejan cocer 2 minutos más

antes de condimentar con sal, pimienta, e incorporando el estragón, el vino y la nata.

Se unta con mantequilla un molde y en el mismo se vierte parte de la bechamel, después, una hoja de brócoli, y más salsa. Se salpica con queso rallado, y se introduce en el horno a 180° C, entre 30 y 35 minutos.

Esta receta produce un plato verdaderamente sabroso, teniendo en cuenta que el salmón causa un gran contraste, por lo demás muy agradable, con la lasaña.

Nota: La carne de salmón resulta especialmente delicada en los meses de verano, por lo que ésta es la mejor época para confeccionar este plato.

MACARRONES CON HIGADILLOS

 $$

60 MIN.   **4 RACIONES**

INGREDIENTES

Macarrones: 400 grs.
Higadillos de pollo: 4 unids.
Champiñones: 200 grs.
Leche: 1/4 de litro
Jamón york: 100 grs.
Vino Madeira: 1 vasito
Mantequilla
Sal
Para la salsa de tomate:
Tomate al natural: 1 lata de 1/4 de kg.
Aceite: 1 dl., Azúcar, Sal

PREPARACION

Se cuecen los macarrones en agua hirviendo con sal durante unos 20 minutos. Se escurren y se lavan bajo el grifo. Se sofríen, mientras tanto, con 30 gramos de mantequilla, los higadillos y los champiñones troceados (si los champiñones son frescos se limpiarán antes). Cuando los higadillos hayan tomado color, se agrega la leche y la salsa de tomate, que se habrá preparada con los ingredientes indicados. Se remueve todo bien y se añade el jamón cortado en dados y el vino. Se cuece a fuego bajo durante 10 minutos. Se unta un molde con un poco de mantequilla. Se mezclan los macarrones con la mitad de la salsa y se ponen en el molde, bien prensados. Se vacía el molde sobre la fuente y se dispone en el centro el resto de la salsa, bien caliente, quedando el plato listo para servir.

MACARRONES SABOYARDA

 $

45 MIN.   **4 RACIONES**

INGREDIENTES

Macarrones: 400 grs.
Jamón york: 100 grs.
Cebolla: 1 unid.
Laurel: 2 hojas
Queso rallado
Aceite
Pimienta
Sal
Para la bechamel:
Mantequilla: 50 grs.
Harina: 3 cucharadas
Leche: 1/2 l.
Pimienta
Sal

PREPARACION

Se hierven los macarrones en agua con sal y el laurel durante 20 minutos. Se escurren. Se prepara una bechamel algo clara con los ingredientes indicados. Se corta la cebolla larga y se sofríe con poco aceite hasta que comience a tomar color. Se mezcla la cebolla con la salsa bechamel y el jamón cortado a tiras. Se sazonan los macarrones con un poco de pimienta, y se mezclan con la mitad de la bechamel. Se colocan en una fuente para horno y se bañan con el resto de la bechamel. Se espolvorean con queso rallado y se gratinan a horno fuerte.

MACARRONES CON CREMA DE CEBOLLAS

60 MIN.   **4 RACIONES**

INGREDIENTES

Macarrones: 200 grs.
Cebollas: 1/2 kg.
Berenjenas: 2 unids.
Tomates maduros: 1 kg.
Mantequilla: 50 grs.
Queso rallado: 50 grs.
Aceite, Pimienta, Sal

PREPARACION

Se ponen a hervir los macarrones en agua ligeramente salada y con una cucharada de aceite, a fin de que no se peguen (unos 20 minutos). Una vez en su punto, se escurren y pasan por agua fría, mezclándolos luego con la mantequilla. En una cacerola aparte se hierven las cebollas durante 20 minutos, pasándolas luego por el pasapurés, volviéndolas a hervir hasta que espesen un poco, sin añadir más que una taza de agua, pimienta y sal al gusto. Por otro lado se hace la salsa de tomate, sazonándola también con sal y pimienta al gusto. Finalmente, se coge una fuente refractaria que vaya bien en el horno, se engrasa con algo de mantequilla y se pone una capa de la mezcla de macarrones con mantequilla, otra de la salsa, y así sucesivamente, terminando con el queso rallado espolvoreado por la superficie. Se lleva al horno, donde se gratina, a fuego moderado, por espacio de 15 minutos.

TARTA ADOBADA DE MACARRONES

 $$

60 MIN.   **4 RACIONES**

INGREDIENTES

Macarrones: 250 grs.
Jamón serrano: 100 grs.
Tomates maduros: 250 grs.
Huevos: 2 unids.
Queso rallado: 100 grs.
Mantequilla: 100 grs
Cebolla mediana: 1 unid.
Perejil: unas ramitas
Aceite, Pimienta, Sal

PREPARACION

Se trocean los macarrones y se hierven en agua ligeramente salada, con una cucharada de aceite, a fin de que no se peguen. Una vez en su punto, sin pasar por agua fría (sólo se escurren bien), se mezclan con la salsa siguiente: en una sartén con mantequilla bien caliente se dora la cebolla, muy picada, añadiendo luego los tomates, mondados y triturados, dejando que la salsa espese un poco. A continuación se añade el perejil trinchado, el jamón picado, la pimienta y la sal que se desee. Se deja cocer todo 10 minutos, removiendo de vez en cuando. La salsa, una vez espesada, se mezcla con los macarrones, agregando a continuación los huevos batidos. Se remueve y se coloca en un molde refractario engrasado con mantequilla. Se espolvorea con queso rallado. Se sirven calientes.

PASTA RELLENA

60 MIN.

$$$

4 RACIONES

INGREDIENTES

Para la masa:

Harina de trigo: 200 grs., Huevos: 2 unids.

Aceite: 2 cucharaditas, Harina para espolvorear

Para el relleno:

Espinacas frescas: 350 grs. ó 300 grs. de congeladas

Pescado sin espinas: 300 grs., Sal, Pimienta blanca molida

Nuez moscada: una pizca, Chalote: 1 unid.

Mantequilla: 35 grs., Huevos: 1 unid., Queso rallado: 50 grs.

Para la salsa de cangrejo:

Cangrejos del mar del Norte con concha y cabeza: 60 grs.

Mantequilla: 80 grs., Sal, Pimienta blanca molida, Chalote: 1 unid.

Mantequilla: 25 grs., Harina: 20 grs., Caldo de pescado: 1/4 de litro

Nata dulce: 1/4 de litro, Cangrejos del mar del Norte ya cocidos: 150 grs.

PREPARACION

Para la masa: Se extiende en una lámina de 4 o 5 cm de grueso, por medio del rodillo.

Para el relleno: se limpian las espinacas, se dejan escurrir y se pican, metiéndolas en una cazuela. Si se trata de espinacas congeladas se procede adecuadamente. Se cuecen y se pasan por el pasapurés, junto con el pescado ya cocido. Se condimenta con sal, pimienta y nuez moscada. Se pica el chalote, y se frie en mantequilla. Se añade la mezcla de espinacas y pescado, se continúa un poco más la cocción, y se deja enfriar en una fuente a propósito, después de haber añadido el huevo y el queso rallado, revolviendo bien.

Este relleno se pone sobre la lámina de pasta, que se enrolla y se ata bien con hilo de cocina por los extremos. Este rollo se cuece al vapor entre 35 y 40 minutos. Una vez cocido, se desata, y se procede a cortar rodajas, con el relleno dentro. Los rollitos se depositan en una fuente.

Para la salsa de cangrejos: se mezclan los cangrejos, ya pelados, con la mantequilla, y se salpimentan. Se pica el chalote. Se pone al fuego la harina con un poco de agua y se cuece un minuto, añadiéndole la nata y el caldo de pescado. Se revuelve bien esta salsa en una salsera, con los cangrejos nadando en ella. Se sirve como acompañamiento de los rollitos rellenos.

Estos rollitos de pasta italiana con cangrejos del mar del Norte son un manjar delicioso.

MACARRONES A LA LIONESA

 $

60 MIN.   4 RACIONES

INGREDIENTES

Manteca: 100 grs.

Macarrones: 100 grs.

Cebollas medianas: 2 unids.

Sal

PREPARACION

Se hierven los macarrones en agua abundante, durante unos 15 minutos, y después se escurren y se pasan por agua fría, volviendo a escurrirlos. Las cebollas se pelan y cortan a rodajas. Luego, se fríen con manteca. El resto de ésta se derrite en una sartén capaz, donde se meten los macarrones, friéndolos hasta que empiecen a dorarse. Se añaden las cebollas y se continúa con la fritura hasta que todo quede bien dorado. Se sirve inmediatamente.

MACARRONES GRATINADOS

 $$

90 MIN.   4 RACIONES

INGREDIENTES

Macarrones: 200 grs.

Queso rallado: 50 grs.

Manteca o mantequilla: 20 grs.

Salsa de queso: 1/4 de litro

Nuez moscada, Sal

Para la salsa de queso:

Harina blanca: 60 grs.

Mantequilla: 30 grs.

Leche: una taza

Caldo de cubito: 1/2 taza

Queso rallado: 60 grs.

PREPARACION

Se cuecen los macarrones en agua abundante con una pizca de sal, escurridos se pasan por agua fría y se vuelven a escurrir. Se mezclan con la salsa de queso, añadiendo nuez moscada en una fuente refractaria, cubriendo con el queso rallado y copos de mantequilla. Se mete la fuente en el horno a 180° C 45 minutos. La superficie de los macarrones ha de quedar bastante dorada. Para la salsa de queso se derrite la mantequilla en una cacerola y se añade la harina. Se cuece durante 3 minutos, revolviendo con cuchara de madera. Se agrega el caldo y la leche, caliente o tibia, y se cuece otros 10 minutos. Se incorpora el queso rallado. Luego, la salsa ya no debe volver a hervir para evitar una consistencia correosa del queso.

MACARRONES A LA BOLOÑESA

 $$

60 MIN.   **4 RACIONES**

INGREDIENTES

Macarrones: 250 grs.
Carne de cerdo picada: 150 grs.
Queso rallado: 100 grs.
Cebolla mediana: 1 unid.
Tomates maduros: 500 grs.
Mantequilla: 50 grs.
Queso rallado:100 grs.
Aceite, Pimienta, Sal

PREPARACION

Se cuecen los macarrones en agua ligeramente salada, con una cuchara- da de aceite (han de hervir unos 20 minutos). Ya en su punto, se escurren y pasan por agua fría. Aparte, se hace una salsa: en una sartén con un poco de aceite o mantequilla se fríe la cebo- lla, menudamente.Cuando la cebolla esté doradita se retira, incorporando la carne picada. A continuación, se vuel- ve a echar la cebolla en la sartén, junto con los tomates mondados y triturados. Se deja espesar la salsa durante unos minutos, removiendo de vez en cuan- do. Los macarrones se colocan en una fuente refractaria, untada previamente con mantequilla, se vierte la salsa por encima, se pone en la superficie troci- tos de mantequilla, y se espolvorea el conjunto con abundante queso rallado. Se gratinan los macarrones, a horno moderado, 20 minutos.

MACARRONES AL HUEVO GRATINADOS

 $$

60 MIN.   **4 RACIONES**

INGREDIENTES

Macarrones: 200 grs.
Huevos: 4 unids.
Leche: 1/2 de litro
Queso rallado: 100 grs.
Aceite
Pimienta
Sal

PREPARACION

Se ponen a cocer los macarrones en agua ligeramente salada, añadiendo una cucharada de aceite, a fin de que no se peguen. Tras 20 minutos de cocción, se escurren y enfrían bajo el grifo. Mientras tanto, se mezclan los huevos ligeramente batidos con la le- che, sazonando con sal y pimienta al gusto. Se aparta una cuarta parte de la salsa resultante y el resto se vierte sobre los macarrones, los cuales pre- viamente se colocan en una fuente engrasada con algo de mantequilla. La salsa apartada se pone en un cazuelo pequeño y se deja espesar al baño maría. Una vez bien espesa, se vierte sobre la fuente de los macarrones, es- polvoreando todo con queso rallado y poniendo trocitos de mantequilla. Se gratina a horno moderado por espacio de 15 minutos.

GRATINADO CON PEPINILLOS

 $$$

60 MIN.   4 RACIONES

INGREDIENTES

Okras (pepinillos en conserva): 350 grs.

Sal, Vinagre: 1-2 cucharadas

Fideos de harina integral (pueden emplearse tornillos): 250 grs.

Cebollas: 2 unids., Ajos: 2 dientes

Aceite de oliva: 3-4 cucharadas

Tomate triturado: una lata

Pimienta negra molida

Comino: 1/2 cucharadita

Coriandro: 2 pizcas

Caldo vegetal: 1/8-1/4 de litro

Crema fresca: 2 cucharadas

Mantequilla para el molde.

Mozzarella: 150 grs.

PREPARACION

Se lavan las okras, suprimiendo los rabitos. Se pone al fuego 1/4 de litro de agua, con sal y vinagre, y se cuecen las okras entre 8 y 12 minutos.

Se cuecen los fideos en agua con sal durante 8 o 10 minutos, se pasan bajo el agua fría y se reservan.

Se pican las cebollas y se machacan los ajos. Se pone al fuego aceite y se fríen las cebollas y los ajos, añadiendo el tomate triturado, poco a poco. Se condimenta con sal, pimienta, comino y coriandro, prosiguiendo la cocción entre 10 y 15 minutos más, e incorporan-do el caldo vegetal a los 5 minutos. Hacia el final de la cocción se incorpora la crema fresca, revolviendo bien. Se unta el molde con mantequilla y en el mismo se disponen los fideos, las okras, la mozzarella y la salsa de tomate, y el molde se introduce en el horno a 190 o 200° C, por espacio de 15 o 20 minutos.

Las okras, o pepinillos, son ricos en vitaminas, por lo que son muy aprecia-dos en los estados del sur de Nor-teamérica, donde se emplean abun-dantemente en toda clase de sopas.

MACARRONES AL ESTILO MEXICANO

 $$

60 MIN.   4 RACIONES

INGREDIENTES

Macarrones: 250 grs.
Mantequilla: 110 grs.
Queso rallado: 100 grs.
Pimientos verdes: 2 unids.
Crema de leche: 1/4 de litro
Pimiento: al gusto
Sal

PREPARACION

Se cuecen los macarrones en agua hirviendo ligeramente salada. Una vez en su punto (unos 20 minutos), se escurren bien y se pasan por agua fría. Entre tanto, se hace una salsa de la manera siguiente: se asan los pimientos, se desproveen de la piel y de las semillas y se cortan menudamente, mezclándolos luego con la crema de leche, removiendo bien hasta que se forme la salsa. Se sazona con sal y pimienta al gusto. A continuación se toma una fuente refractaria untada con algo de mantequilla y se pone una capa de macarrones, otra de salsa, otra de macarrones y finalmente una de salsa, se rellena la superficie con trocitos de mantequilla y se espolvorea finalmente con el queso rallado. Se coloca la fuente en el horno, a fuego moderado, por espacio de 15 minutos. Se sirven calientes.

MACARRONES A LA CREMA

 $$

60 MIN.   4 RACIONES

INGREDIENTES

Macarrones: 250 grs.
Tomates maduros: 1/2 kg.
Crema de leche: 1/4 de litro
Huevos: 2 unids.
Ajo: 3 dientes
Harina: una cucharada
Mantequilla: 100 grs.
Queso rallado: 100 grs.
Pimienta
Sal

PREPARACION

Se cuecen los macarrones en agua ligeramente salada durante 20 minutos, se escurren y se pasan por agua fría. Aparte, se pone la mitad de la mantequilla en una cacerola. Ya derretida, se incorpora la cebolla bien picada, así como los dientes de ajo. Cuando esto comience a dorar, se unen los tomates, mondados y triturados, añadiendo poco a poco la harina y removiendo el conjunto. Se cuece todo durante 15 minutos y se retira la cacerola de la lumbre, dejando enfriar la salsa. Una vez fría, se mezcla con la crema de leche. En una fuente refractaria se pone una capa de macarrones, otra de salsa, otra de queso rallado, otra de rebanadas de huevo duro, etc., acabando con una capa de queso rallado y copos de mantequilla. Se gratina a horno durante unos 15 minutos. Se sirven calientes.

HUEVOS AL PLATO CON MACARRONES

60 MIN. **4 RACIONES**

INGREDIENTES

Macarrones: 200 grs.
Huevos: 4 unids.
Queso rallado: 50 grs.
Tomates grandes y maduros: 3 unids.
Aceite
Pimienta
Sal

PREPARACION

Se ponen a hervir los macarrones en agua ligeramente salada. A continuación, se escurren, se enfrían bajo el grifo y se les agrega una salsa de tornate (los tomates previamente mondados y triturados, habrán de formar la salsa, salteándolos en un perol con un poco de aceite). Luego se colocan los macarrones ya con la salsa de tomate en una fuente refractaria que vaya bien en el horno, previamente untada con un poco de mantequilla, se sazona el conjunto con sal y pimienta y se hacen 4 huecos en la fuente. En cada hueco se casca un huevo, terminando por poner trocitos de mantequilla y espolvoreando la superficie con el queso rallado. Se gratina a horno moderado por espacio de 15 minutos, instante en que los huevos han de estar cuajados.

RISOLAS DE MACARRÓN

60 MIN. **4 RACIONES**

INGREDIENTES

Macarrones: 120 grs.
Harina: 50 grs.
Huevos: 2 unids.
Mejorana: una cucharadita
Manteca: 30 grs.
Leche: 1 taza
Cebolla: 1 unid.
Aceite
Miga de pan: 3 cucharadas
Sal

PREPARACION

Se preparan los macarrones, hirviendo un litro y medio de agua salada, y metiendo en ella los macarrones. Se cuecen durante unos 20 minutos, se escurren y se les vierte encima agua fría, volviendo a escurrirlos, para que queden un poco pegajosos. Luego, se mezclan con la harina. Se pica la cebolla y se fríe en la manteca, añadiendo a los macarrones dicha cebolla, junto con la mejorana trinchada y un huevo batido. Se mezcla todo bien. Acto seguido, se forman las risolas de unos 7 cms. de longitud. Si la mezcla no mantiene la forma, se añade más harina. Se bate un huevo con la leche, se mojan en esto las risolas y se revuelcan por la miga de pan. Después, se fríen en aceite suficiente para cubrirlas hasta que queden bien doradas.

CINTAS A LA SALVIA

$$$

60 MIN.   **4 RACIONES**

INGREDIENTES

Para las cintas:

Harina de trigo sarraceno: 160 grs.

Harina de trigo: 180 grs.

Huevos: 2 unids., Leche: 200 ml.

Cintas: 400 grs., Col rizada: 600 grs.

Acelgas o espinacas, Patatas: 4 unids.

Manojos de salvia: 2-3 unids.

Ajos: 5-6 dientes

Sal, Pimienta negra molida

Queso fontina: 400-500 grs.

Mantequilla para el molde.

Queso parmesano rallado: 80-100 grs.

Mantequilla: 150 grs.

PREPARACION

Para las cintas: Se lava la col y se desmenuzan sus hojas. Se pelan las patatas y se cortan en rodajas finas. Se pican las hojas de salvia, y se machacan los ajos. Se pone al fuego 4 litros y medio de agua, con sal, y se introduce en ella la col y las patatas, dejando cocer de 5 a 6 minutos. Se añaden las cintas preparadas según receta indicada en pág. 138 y se continúa la cocción por espacio de otros 10 ó 12 minutos. Se saca todo del agua, se salpimenta, y junto con el queso fontina, se introduce en un molde untado con mantequilla. Se salpica por encima con el queso rallado. Se funde mantequilla en una sartén, a la que se incorporan la salvia y los ajos, salpimentándolo y revolviendo bien. Después, esto se agrega al molde, que se mete en el horno a 250° C, entre 7 y 12 minutos.

Las cintas a la salvia son una especialidad no solamente del norte de Italia sino también de los territorios que se extienden desde St. Moritz al Paso del Bernino. Es indiscutible que estas cintas deben confeccionarse exclusivamente a base de harina de trigo sarraceno, mantequilla, queso y una verdura. Todo los demás son imitaciones.

PAPPARDELLE CON LIEBRE

 $$

75 MIN.   4 RACIONES

INGREDIENTES

Liebre con los menudillos: 1/4 unid.
Pappardelles hechas con pasta fresca: 400 grs.
Aceite: 1 vaso
Cebolla: 1 unid., Romero
Vino tinto fuerte: 1 vaso
Ajo: 1 diente, Tomillo, Mejorana
Nuez moscada, Pimienta, Sal

PREPARACION

Se trituran las hierbas aromáticas y se echan en una cazuela con el diente de ajo pelado y picado, y el romero picado. Se agrega la liebre troceada, se sazona con sal y pimienta, y se cuece a fuego moderado, regando con aceite. Cuando la liebre esté dorada, se añade el vaso de vino tinto abocado, se retira la salsa y si la liebre todavía no estuviese debidamente cocida, se añade otro vaso de vino. Después, la carne se pasa por el molinillo de picar carne, deshuesándola antes. Los huesos se machacan después en el almirez hasta reducirlos a polvo y éste se añade a la salsa. Se confecciona un sofrito con los menudillos de liebre, bien picados, y se une a la salsa, agregando nuez moscada, y sazonando con sal. Se deja que la salsa espese. Se hierven las pappardelles en abundante agua con sal, y al llegar a su punto, se escurren y pasan por agua fría, y se condimentan con la salsa caliente.

MACARRONES AL GRATÍN

 $

40 MIN.   4 RACIONES

INGREDIENTES

Macarrones: 400 grs.
Mantequilla: 50 grs.
Queso rallado (parmesano, gruyere, manchego, etc...): 50 grs.
Pan rallado: 2 cucharadas
Aceite
Sal

PREPARACION

Se cuecen los macarrones en agua ligeramente salada, incorporando una cucharada de aceite en el momento en que empiecen a hervir, a fin de que no se peguen. Se cuecen los macarrones por espacio de 20 minutos. Luego, se escurren bien y se pasan por agua fría (bajo el chorro del grifo). A continuación, se ponen los macarrones en una fuente refractaria que vaya bien en el horno, se cubren con la mantequilla a trocitos y se espolvorean con el queso rallado. Finalmente, se espolvorea el conjunto con el pan rallado, llevando la fuente al horno, a fuego moderado, por espacio de 15 minutos.

Nota: el secreto de este plato radica en el queso rallado. Puede usarse cualquiera de los mencionados, pero nunca queso de bola, ya que éste carece de valor culinario.

PASTAFLORA

150 MIN. **4 RACIONES**

INGREDIENTES

Harina: 300 grs.
Mantequilla: 150 grs.
Azucar: 150 grs.
Huevos: 2 unids.
La corteza de limón
Sal: un pellizco

PREPARACION

Se coloca la harina formando una balsa, sobre la tabla de la cocina, se espolvorea con el azúcar y la sal, y se vierte en el centro la mantequilla, levemente ablandada, un huevo entero, una yema y la corteza de limón rallada. Se amalgama todo rápidamente, echando la harina de los lados hacia el centro para que no se escurran por la tabla la mantequilla derretida y los huevos. Una vez todo amalgamado, se sigue trabajando la pasta unos minutos, y si tiende a resquebrajarse se le añade un poco de agua templada. Se forma un pan que se deja en reposo en sitio fresco durante una hora. Luego, se estira la pasta con el rodillo, formando un par de círculos del tamaño del molde que se utilizará, y se cuece en el horno sola o acompañada de otros ingredientes, durante unos 40 minutos. Esta pastaflora, si se cuece sola, hay que cubrirla con una hoja de papel de estraza sobre la que se esparcirá un puñado de judías secas, lo que evita que la pasta se infle.

TALLARINES CON VERDURAS

 $

45 MIN. **4 RACIONES**

INGREDIENTES

Tallarines: 250 grs.
Col: 1/2 unid., Lechuga: 1/2 unid.
Tronco de apio: 1 unid.
Coliflor: 1/2 unid.
Tomates maduros: 2 unids.
Margarina vegetal: 50 grs., Sal

PREPARACION

Se ponen los tallarines a cocer en una cacerola con agua hirviendo ligeramente salada, añadiendo al mismo tiempo una cucharada de margarina, a fin de que no se peguen entre sí. Aparte, se preparan todas las verduras, lavándolas bien, escurriéndolas y picándolas menudamente. Los tallarines, una vez en su punto (unos 15 minutos), se escurren y se enfrían bajo el chorro de agua fría, procurando que queden sueltos. Mientras tanto, se hace una salsa en una sartén con la margarina, agregando algo de caldo de la cocción de los tallarines y las verduras, ya limpias y picadas. Se deja concentrar el conjunto, a fuego suave, removiendo de vez en cuando. Tras 15 minutos de cocción se incorporan los tomates, limpios y troceados, así como los tallarines. Se corrige el punto de sal, se rehoga bien el conjunto y se vierte finalmente en una fuente. Puede adornarse la superficie con rodajas de huevo duro, lo que hará más vistosa y suculenta la preparación.

SOPA DE FIDEOS CON LENTEJAS Y CARNE DE CORDERO

 $$$

60 MIN.   **4 RACIONES**

INGREDIENTES

Lentejas (de las redonditas): 80 grs.

Guindilla fresca: 1/2 unid., Cebolleta: 1 unid.

Puerro: 1 ó 2 unid., Zanahoria: 1 unid.

Apio: 1 cogollo, Berenjena pequeña: 1 unid.

Ajo: 1 diente, Perejil: 1/2 manojo

Coriandro: 1/2 manojo

Mantequilla: una cucharada

Curry en polvo: 1-2 cucharaditas

Jengibre en polvo: 2 pizcas

Jugo de tomate: 2 cucharadas

Paletilla de cordero: 500 grs.

Fideos y cocidos: 100 grs.

Sal y pimienta negra molida

Crema fresca: 125 grs.

PREPARACION

Las lentejas se tendrán unas horas en medio litro de agua. Se limpia la guindilla y se corta a pedazos, suprimiendo semillas y blancos, luego se pica; la cebolleta y el puerro se lavan y se cortan en anillos; la zanahoria, el apio y la berenjena se raspan, se lavan y se cortan en dados, mezclándolos con el puerro y la cebolleta. Se pican el perejil y el coriandro, reservando una hojitas de éste.

Se pone al fuego la mantequilla, y se cuecen en ella todas las verduras, revolviendo unos minutos. Luego, se añaden el curry, el jengibre y el jugo de tomate, se revuelve y se sigue cociendo, hasta que a los dos minutos se agrega litro y medio de agua y el corde-ro troceado. Se retiran las lentejas del remojo, y se incorporan al cocido, dejando que se hagan entre 20 y 25 minutos. Diez minutos antes de finalizar la cocción, se agregan los fideos, salpimentándolo todo a discreción. Esta sopa se sirve con un adorno de coriandro, y una salsa compuesta por crema fresca, ajo machacado, sal y la pimienta negra, todo mezclado.

Las lentejas son conocidas desde hace muchos siglos, pues ya la Biblia las cita con ocasión del pasaje en el que Esaú le vendió a su hermano gemelo Jacob su derecho de primogenitura por un plato de dichas legumbres que, al parecer, son muy ricas en hierro.

TALLARINES CON JAMÓN

60 MIN. — **4 RACIONES**

INGREDIENTES

Tallarines: 500 grs.
Jamón serrano: 300 grs.
Queso rallado: 50 grs.
Mantequilla: 50 grs.
Aceite
Pimienta
Sal

PREPARACION

Se pone a cocer la pasta en una olla con agua ligeramente salada y un chorro de aceite a fin de que no se pegue la pasta. Una vez en su punto (unos 15 minutos aproximadamente), se escurre y enfría bajo el grifo. A continuación, se ponen los tallarines en un molde refractario bien untado con mantequilla, se incorpora el jamón serrano finamente trinchado, se disponen trocitos de mantequilla y se espolvorea finalmente la preparación con queso rallado. Se gratina durante 15 minutos.

BUDÍN DE TALLA- RINES Y TOMATES

60 MIN. — **4 RACIONES**

INGREDIENTES

Tallarines: 200 grs.
Queso rallado: 60 grs.
Manteca: 50 grs.
Salsa de tomate (de lata o
confecionada en casa)
Sal

PREPARACION

Se cuecen los tallarines en un litro de agua hirviendo, hasta que se ablanden, se escurren y se pasan por el agua del grifo. Luego, se colocan en una bandeja refractaria, salpicándolos con el queso rallado y trocitos de manteca o mantequilla, y se meten al horno a fuego moderado por espacio de media hora aproximadamente.

ESPAGUETIS CON CARNE DE CERDO

60 MIN. $$ **4 RACIONES**

INGREDIENTES

Espaguetis: 250 grs.
Mantequilla: 100 grs.
Carne de cerdo picada: 200 grs.
Cebolla mediana: 1 unid., Ajo: 2 dientes
Tomates maduros: 250 grs.
Vino blanco oloroso (jerez, amontillado, etc...): 1 vaso
Laurel: 2 hojas
Aceite, Pimienta, Sal

PREPARACION

En una olla con agua hirviendo se ponen los espaguetis, añadiendo el laurel, la cebolla mondada y troceada, la pimienta y la sal que se desee, con una cucharada de aceite, para que no se peguen. Se hierven los espaguetis 20 minutos, manteniéndolos luego calientes. Aparte se hace un sofrito con la mitad de la cebolla y los dientes de ajo (todo bien picado). Cuando comience a dorar, se incorpora la carne de cerdo picada y los tomates, mondados y triturados, así como el vasito de vino oloroso, la pimienta y la sal necesaria. Se deja espesar la salsa un poco y se aparta del fuego. Los espaguetis se escurren bien, se colocan en una fuente refractaria untada previamente con mantequilla, se riegan con la salsa, se disponen trocitos de mantequilla y se espolvorea finalmente la preparación con el queso rallado. Se gratina a horno moderado durante 15 minutos.

TALLARINES CON CARNE DE CARNERO

60 MIN. $$$ **4 RACIONES**

INGREDIENTES

Tallarines: 250 grs.
Carne de carnero picada (preferentemente de la pierna): 250 grs.
Cebolla: 1 unid., Mantequilla: 100 grs.
Tomates maduros: 150 grs.
Vaso de vino oloroso (jerez, amontillado, etc...): 1 vaso
Hierbas aromáticas: 1 ramito
Queso rallado: 100 grs.
Tomates maduros: 2 unids.
Aceite, Pimienta, Sal

PREPARACION

Se hierven los tallarines en agua salada 15 minutos. Se escurren bien y se pasan por agua fría. En una cacerola con la mitad de la mantequilla se rehogan los tallarines, añadiendo la salsa de tomate, se coloca todo en una fuente y se espolvorea la superficie con queso rallado. Los tallarines se sirven con a la carne de carnero, guisada como sigue: se pica la carne de carnero, salteándola con el resto de la mantequilla y unas cucharadas de aceite. Cuando comience a dorar, se añade la cebolla picada, los tomates, mondados y picados y el ramito de hierbas aromáticas. Se deja cocer el conjunto un poco y se agrega el vino, mezclado con una taza de agua tibia. Se sazona con sal y pimienta y se deja espesar la salsa, a fuego lento, unos 30 minutos. Al servirse, se retira el ramito de hierbas aromáticas.

FIDEOS DE ESCANDA CON DOS SALSAS

 $$$

60 MIN.   **4 RACIONES**

INGREDIENTES

Para la masa:

Harina de escanda: 120 grs.

Harina integral: 80 grs.

Huevos: 2 unids.

Aceite: una cucharadita

Agua: una cucharada

Para las salsas:

Mojardones: 20 grs.

Chalotes: 2 unids.

Perejil fresco: 1 manojo, Ajo: 3 dientes

Pan rallado: 50 grs.

Almendras machacadas: 40 grs., Mantequilla: 140 grs.

Sal, Pimienta negra molida

Nata dulce: 1/4 de litro, Cebollinos: 1 manojo

Salsa Worcestershire: unas gotas

PREPARACION

Para la masa: Se deja en reposo en una bandeja.

Para las salsas: se dejan los mojardones 20 minutos en 1/4 de litro de agua templada. Se limpian los chalotes y el perejil y se pican; se machacan los ajos. Luego, los chalotes, el perejil, los ajos, el pan rallado y las almendras, se mezclan con 120 grs. de mantequilla fundida. Esta masa, con 1/4 de litro de agua, se cuece durante 2 minutos. Luego se parte por la mitad. En una mitad se disponen los mojardones, que se colarán a través de un paño limpio, para que pierdan el agua. Esto se cuece 2 o 3 minutos, salpimentando, y se deja aparte.

En la otra mitad se añade la nata y el manojo de cebollinos, desmenuzados, lo que también se cuece y salpimenta, añadiéndole la salsa Worcestershire. Se mantiene caliente.

Con la masa de pasta se forman los fideos o cintas estrechas, se cuecen durante 5 minutos en agua con sal, y se disponen en una fuente, bañándolos con las dos salsas.

La escanda, llamada también espelta, es una especie de trigo duro, que crece en terrenos dispersos e incultos, siendo en cambio muy alimenticio transformado en harina.

SOPA DE TALLARINES

30 MIN. **4 RACIONES**

INGREDIENTES

Tallarines: 150 grs.
Extracto de levadura: 1/2
cucharadita
Mantequilla: 50 grs.
Perejil picado
Sal

PREPARACION

Se hierve 1 litro de agua con la mantequilla y se añaden los tallarines, cociéndose hasta que queden al punto, bastante blandos (20 minutos). Se agrega el extracto de levadura, sal y perejil a discreción, se deja al fuego 5 minutos más y se sirve la sopa.

ESPAGUETIS A LA REINA

60 MIN. **4 RACIONES**

INGREDIENTES

Espaguetis: 300 grs.
Carne de cerdo picada: 200 grs.
Cebolla: 1/2 unid.
Mantequilla: 50 grs.
Queso rallado: 100 grs.
Tomates maduros: 200 grs.
Aceite
Pimienta
Sal

PREPARACION

Se cortan los espaguetis y se ponen a hervir en agua ligeramente salada, junto con una cucharada de aceite, a fin de que no se peguen. Luego, se escurren y enfrían bajo el grifo. Aparte, se hace un sofrito en una sartén con algo de mantequilla bien caliente, incorporando la cebolla finamente picada, la carne de cerdo, la pimienta y la sal al gusto. Se rehoga todo durante unos minutos y se agregan los tomates, mondados y triturados. Se deja espesar un poco la salsa y se aparta de la lumbre. En una fuente refractaria apropiada al horno, se colocan los espaguetis, regándolos luego con la salsa hecha con la carne y terminando espolvoreando la superficie con abundante queso rallado y trocitos de mantequilla. Se gratina en el horno durante 15 minutos.

ESPAGUETIS CON CORDERO

90 MIN.   **4 RACIONES**

INGREDIENTES

Carne de cordero: 500 grs.
Mantequilla: 50 grs.
Salvia: 1 manojo
Albahaca, Romero, Perejil
Apio: 1 tallo
Vino blanco seco: 1 vaso
Cacao amargo: 1 cucharada
Coñac: 1 vasito
Nata: 1/4 de litro
Leche: 1/4 de litro
Espaguetis gruesos: 400 grs.
Cebolla hermosa: 1 unid.
Sal

PREPARACION

Se pica la carne de cordero y se dora en mantequilla con salvia, albahaca, romero, apio, perejil y la cebolla, todo trinchado; se añade poco a poco 1 vaso de vino blanco y seco, 1 pellizco de cacao amargo, y una copita de coñac. Se cuece bien todo, se pasa por un molinillo de trinchar carne, se devuelve la salsa a la cazuela, se añade la nata y la leche y se mezcla con delicadeza. Aparte, se hierven en agua abundante con sal los espaguetis, se escurren cuando estén al punto, se pasan por agua fría, y se vierten en la cazuela de la salsa; ésta se devuelve al fuego y se remueve todo unos minutos, para que todo el conjunto quede muy caliente. Se sirve al instante.

FIDEOS CON ESPÁRRAGOS

85 MIN.   **4 RACIONES**

INGREDIENTES

Espárragos frescos: 1 manojo
Mantequilla: 100 grs.
Fideos: 400 grs.
Carne de ternera: 100 grs.
Vino blanco seco: 1 vaso
Cebollita: 1 unid.
Nata: 1/4 de litro
Queso fresco: 250 grs.
Pimienta
Sal

PREPARACION

Se trituran en crudo las puntas de los espárragos y se doran en mantequilla con la cebolla picada, agregando el vino y la ternera picada. Se sazona con sal y pimienta y, acto seguido, se incorpora la nata. En una cazuela grande se hierven hasta su punto los fideos, en abundante agua con poca sal, y se retiran del fuego a media cocción; se traslada la salsa a una sartén, en la que se echan los espaguetis bien escurridos y pasados por el agua del grifo, se ponen nuevamente al fuego y se remueve el contenido de la sartén hasta que la pasta esté al diente. Se desmenuza el queso por la superficie, se hornea unos momentos y se sirve.

FANTASÍA MARROQUÍ

90 MIN. **$$$** **4 RACIONES**

INGREDIENTES

Cebolla grande: 1 unid.
Pimienta negra: una cucharadita
Paprika dulce: una cucharadita
Jengibre en polvo: 1/2 cucharadita
Canela: 1/2 cucharadita
Cardamomo: 1/4 de cucharadita
Comino: 1/4 de cucharadita
Coriandro: 1/4 de cucharadita
Macis (flor de nuez moscada): 1/4 de cucharadita
Nueces moscadas: 2 unids.
Clavo de especias: 2 pizcas
Pimienta de Cayena: 2 pizcas
Cordero picado: 400 grs.
Aceite de oliva: 4 cucharadas
Fideos: 400 grs.
Menta: 2 tallitos

PREPARACION

Se pica la cebolla, se mezclan los condimentos con sal, se vierten sobre la carne picada y se remueve bien. Esta carne se fríe en el aceite, con la cebolla, hasta que quede dorada. Se añade 1/4 de litro de agua, con un poco de sal, y se deja cocer un poco más; si hace falta, se agrega agua, dejando al fuego entre 40 y 50 minutos. Luego, se cuecen aparte los fideos hasta que queden al diente, en agua con sal. Finalmente, se disponen los fideos en una bandeja, con la carne encima, de manera atractiva, y se adorna con hojitas de menta.

En Marruecos se llama a este plato «Ras el Hanout», y es muy apreciado, particularmente por los condimentos a base de hierbas aromáticas que entran en su composición, que pueden ser sustituidos por tomillo, lavanda, romero, nuez moscada, canela y pimienta, dándole con ello un toque más oriental todavía, digno de las Mil y Una Noches.

FIDEOS AROMÁTICOS

45 MIN. **4 RACIONES**

INGREDIENTES

Fideos: 400 grs.
Carne de caballo: 300 grs.
Coñac: 1 vaso
Tomates maduros: 200 grs.
Aceite: 1/2 vaso
Ajo: 2 dientes
Tomillo: 1 pellizco
Mejorana: 1 pellizco
Hierbas
Pimienta
Sal

PREPARACION

Se pica bien la carne de caballo y se macera en coñac, con sal y pimienta a discreción. Aparte, se escaldan los tomates, se pelan y se sofríen con poco aceite, añadiendo el ajo machacado, el tomillo y la mejorana picados; cuando quede el jugo concentrado, se le une la carne con su marinada y se continúa la cocción. Terminada ésta, se aparta de la lumbre y se pasa la carne por la batidora para que quede un ragú liso y espeso. Con esto se condimentan los fideos, cocinados en su punto en agua con sal, escurridos y pasados por agua fría. No hace falta queso rallado.

TALLARINES A LA NAPOLITANA

120 MIN. **4 RACIONES**

INGREDIENTES

Carne de ternera: 400 grs.
Masa para tallarines
Cebolla: 1 unid.
Salchichas peladas y picadas: 150 grs.
Mantequilla: 50 grs.
Nuez moscada
Vino tinto fuerte: 1 vaso
Nata líquida: 1/4 de litro
Queso rallado
Pimienta
Sal

PREPARACION

Se tritura la carne de ternera y las salchichas, y se doran en mantequilla, añadiendo una pizca de sal, otra de pimienta y nuez moscada, junto con el vino tinto. Luego, se unen la cebolla trinchada y la nata, se mezcla todo bien y se deja hervir largo tiempo, sin que se pegue el jugo. Se preparan los tallarines (o se adquieren en el comercio) y se cuecen en abundante agua con sal hasta obtener el punto exacto, escurriéndolos entonces, y pasándolos bajo el agua del grifo; se condimentan con queso rallado abundante, volviendo a mezclar bien todo y se añade la salsa hirviendo. Se sirve inmediatamente.

FIDEOS CON TOCINO

 $$

170 MIN.   **4 RACIONES**

INGREDIENTES

Tocino: 250 grs.
Tomates maduros: 700 grs.
Fideos de pasta de trigo: 400 grs.
Pimienta
Cubito de caldo de carne: 1 unid.
Cebolla: 1 unid.
Guindilla

PREPARACION

Se tritura el tocino de cerdo y se dora con la cebolla trinchada, añadiendo luego los tomates pasados por la batidora. Se rectifica de pimienta y guindilla, y se baña la salsa con un poco de caldo, si es preciso. Se cuece esta salsa un par de horas, a fuego muy lento, removiendo de cuando en cuando. Se hierven aparte, hasta su punto, los fideos, se escurren, se pasan por agua fría, y se condimentan rápidamente con la salsa caliente. No se pone queso rallado, que estropearía el buen sabor de la salsa.

ESPAGUETIS A LA GUINDILLA

 $

75 MIN.   **4 RACIONES**

INGREDIENTES

Espaguetis: 400 grs.
Menudillos de cerdo: 400 grs.
Guindilla: 1 unid.
Aceite: 1 vaso
Ajo: 4 dientes
Pasas: 50 grs.
Nueces: 10 unids.
Vino blanco seco: 2 vasos
Queso rallado: 100 grs.
Pimienta
Sal

PREPARACION

Se pican los menudillos de cerdo, una vez bien limpios. Se fríen en una sartén con aceite y ajo pelado y machacado, y se agrega un pellizco grande de guindilla y pimienta. Se mezclan las uvas pasas y se añaden a la salsa, junto con las nueces peladas y machacadas, y el vino blanco, hasta que quede una salsa bastante espesa y abundante. Se pasa dicha salsa por la batidora y se conserva caliente. Se hierven en abundante agua con sal los espaguetis, se escurren y pasan por agua fría, y se condimentan al momento con un puñado de queso rallado; acto seguido, se vierten los espaguetis en la sartén de la salsa y se sofríen durante unos minutos, dándoles unas vueltas. Luego, se echan en una bandeja caliente, se espolvorean con pimienta molida y se sirven inmediatamente.

PLUMAS ESTRIADAS

 $$$

90 MIN.   **4 RACIONES**

INGREDIENTES

Fideos (plumas o plumas estriadas): 250 grs.

Guisantes congelados: 100 grs.

Cebolletas: 2 unids.

Champiñones: 100 grs.

Jamón: 100 grs.

Perejil: 1 manojo

Mantequilla: 30 grs., y un poco más para el molde

Huevos: 4 unids.

Nata dulce: 1/4 de litro

Sal, Pimienta negra molida

Queso rallado: 50 grs.

PREPARACION

Se cuecen los fideos en agua salada, se pasan por el agua del grifo y se dejan aparte. Los guisantes se descongelan en dos minutos y se cuecen en agua con sal. Las cebolletas se cortan en anillos delgados, los champiñones también se cortan en rodajitas, se pica el perejil, y se calienta la mantequilla, en la cual se cuecen las cebolletas y los champiñones, durante 5 minutos, para dejarlos después aparte. Se baten los huevos con la nata, se salpimentan, se añade el queso rallado y todo esto se mezcla con el resto de los ingredientes. Se coge un molde de 19-20 cm de diámetro, se unta con mantequilla y se rellena con la masa. El molde se tapa con una hoja de papel de aluminio y se le da un baño de agua, de manera que ésta llegue a unos 3 cm del borde del molde, y se cuece al horno a 180° C durante unos 60 minutos. Si se dispone de microondas, se pondrá el molde en el mismo a 600 vatios, entre 18 y 20 minutos, y se deja reposar en el mismo aparato unos 5 minutos más. Este plato se adorna con salsa de tomate.

Este plato de plumas de pasta italiana es uno de los más populares en diversos países europeos, por ser muy sabroso y digestivo.

ESPAGUETIS Y ALMEJAS

30 MIN.   **4 RACIONES**

INGREDIENTES

Almejas: 800 grs.
Espaguetis: 400 grs.
Tomates maduros: 300 grs.
Albahaca: 1 manojo
Piñones: 25 grs.
Pasas: 15 grs.
Guindilla: 1 unid.
Orégano
Pimienta
Aceite
Sal

PREPARACION

Se lavan las conchas de las almejas y se echan éstas en una olla, añadiendo el tomate triturado, la albahaca también triturada, los piñones, unas pasas, un pellizco de guindilla picada, la pimienta y el orégano. Se pone esto al fuego y se remueve bien, cociéndolo durante unos 5 minutos. Aparte, se hierven en abundante agua con poca sal los espaguetis, se sacan a media cocción y se escurren, agregándose a la olla de las almejas, que se agita con vigor y se deja a la lumbre otros 5 minutos, hasta que la pasta haya absorbido bien el sabor y se hallen ligados con la salsa. Acto seguido, se vierte todo en una cazuela de barro y se introduce al horno caliente, sólo un minuto. Al servir, se riega con un hilito de aceite de oliva crudo.

TALLARINES CON PATO

75 MIN.   **4 RACIONES**

INGREDIENTES

Pato no muy grande: 1 unid.
Mantequilla: 100 grs.
Tallarines 400 grs.
Vino blanco seco: 2 vasos
Clavos de especia: 2 unids.
Cebolla: 1 unid., Limón: 1 unid.
Salvia, Romero, Pimienta
Coñac: 1 vasito
Aceite: 1 vasito, Sal

PREPARACION

Se flamea el pato y se limpia, cortándolo a trozos, que se doran en aceite y mantequilla, con salvia y romero, dándole vueltas hasta que el pato se dore. Se baña con coñac y vino blanco y se prosigue la cocción a fuego vivo, regando con zumo de limón. Se sazona con pimienta y sal a discreción, sin interrumpir la cocción. Terminada ésta, se deshuesa el pato y se pasa la carne por la batidora con su jugo. Se añaden los clavos y una cebolla picada, y vuelve a pasarse esta mezcla por la batidora. A continuación, se machacan en el almirez los huesecitos del pato hasta reducirlos a polvillo y se agregan al jugo, que se conserva caliente. En cazuela aparte se hierven los tallarines en agua con sal, y ya en su punto, se escurren y se pasan por agua fría, regándolos acto seguido con el jugo del pato. Se sirven muy calientes, sin queso rallado.

TALLARINES CON VENADO

 $$$

105 MIN.   4 RACIONES

INGREDIENTES

Carne de venado: 450 grs.
Tallarines frescos: 400 grs.
Nata: 1/4 de litro
Leche: 1/4 de litro
Coñac: 2 copitas
Albahaca: 1 manojo
Cebolla: 1 unid.
Pimienta
Sal

PREPARACION

Se corta la carne de venado a trocitos y se echan en frío en una olla junto con la nata, la leche y tres cuartas partes del coñac, agregando la cebolla pelada y trinchada, y la albahaca machacada. Se remueve a menudo, sazonando con sal y pimienta al gusto. Ya cocida la carne, casi deshecha, se le incorpora el resto del coñac, se aviva el fuego y el cabo de unos minutos se retira la olla, conservándose en caliente. En una cazuela se hierven los tallarines en abundante agua con poca sal, se escurren y se pasan por agua fría, condimentándolos con la salsa anterior. Pueden espolvorearse con trocitos de trufa.

Nota: la salsa debe cocerse lentamente para que no se corte.

PIZZA NAPOLITANA

 $$

145 MIN.   4 RACIONES

INGREDIENTES

Para la masa:

Harina: 350 grs., Fécula: 30 grs.
Agua: 1/4 de litro
Azúcar: 1 cucharadita
Aceite: 2 cucharadas
Albahaca picada: 1 cucharada
Orégano picado: 1 cucharadita
Mozzarella: 300 grs.
Parmesano rallado: 50 grs.
Anchoas: 3 unids.
Aceite, Pimienta, Sal

PREPARACION

Se hace la masa echando la harina en el mármol en forma de volcán con un agujero en el centro en el que se echa la fécula, un poco de agua, el azúcar y algo de harina, trabajándola hasta lograr una masa consistente, que se deja reposar media hora. Se cogen porciones de la masa y se forman bolas algo grandes, que se dejan reposar durante una hora. Después se disponen estas bolas sobre una placa de horno, untada con aceite, procediendo luego a guarnecer la masa con el diente de ajo picado, los tomates pelados y cortados en dados, y regándolo con aceite, sal y pimienta, la albahaca y el orégano. Encima se coloca la mozzarella, el parmesano y las anchoas partidas. Una vez preparada la pizza se introduce en el horno a 220° C, durante 25 minutos.

SOPA DE LEGUMBRES CON FIDEOS FINOS

 $$$

75 MIN.   **4 RACIONES**

INGREDIENTES

Lentejas: 120 grs.

Guisantes: 120 grs.

Cebolla: 1 unid.

Laurel: una hoja

Cúrcuma: una cucharadita

Canela: una cucharadita

Comino: 2 pizcas

Jengibre en polvo: 2 pizcas

Páprika: 1/2 cucharadita

Tomate al natural: 1 bote

Jugo de tomate: 2 cucharadas

Caldo de legumbre: 1/2 litro

Sal, Pimienta blanca molida

Fideos finos (cabello de ángel): 120 grs.

Perejil: 1 manojo

PREPARACION

Se dejan las lentejas y los guisantes en un litro y medio de agua toda la noche para que se ablanden. Al día siguiente, se cuecen junto con la cebolla partida a trozos, la hoja de laurel y los demás condimentos en agua con sal. Las legumbres quedarán al punto con una hora de cocción. Entonces, se añaden los tomates, y el jugo de tomate, y se pasa por la batidora hasta obtener un puré, al que se le agrega el caldo de legumbres, se salpimenta, se revuelve bien y se mezcla con las legumbres que también se habrán convertido en puré.

Este se vierte en una sopera, y encima se disponen los fideos, que se habrán hervido durante dos minutos en agua con sal. Se adorna esta sopa con perejil trinchado.

Esta sopa es originaria del Cercano y Medio Oriente, pero se ha introducido en Europa con el beneplácito de los buenos gastrónomos.

Nota: Tanto las lentejas como los guisantes pueden obtenerse ya cocidos en el comercio.

FIDEOS CON BERENJENAS

 $$

60 MIN.   4 RACIONES

INGREDIENTES

Berenjenas ovaladas: 4 unids.
Fideos: 400 grs.
Harina: media tacita
Pasas: a discreción
Piñones: a discreción
Aceite: abundante
Sal

PREPARACION

Se cortan las berenjenas a rodajas, con la piel, se salan y se pasan por agua, lavándolas y escurriéndolas cuidadosamente. En una sartén se calienta abundante aceite y se fríen las rodajas de berenjena a fuego vivo, tras enharinarlas ligeramente. Aparte, se pone a la lumbre una olla con abundante agua con sal, cociendo los fideos al punto, y después se escurren y se pasan bajo el agua del grifo. Se condimentan a continuación con un chorrito de aceite. Se les agregan las rodajas fritas de berenjena con parte del aceite (sin exagerar), se mezcla todo bien y se sirve, añadiendo los piñones y las pasas.

ESPAGUETIS A LA PERUANA

 $$$

75 MIN.   4 RACIONES

INGREDIENTES

Gambas y camarones: 500 grs.
Tomates maduros: 200 grs.
Espaguetis: 400 grs.
Queso rallado: 100 grs.
Aceite: 1 vaso
Pisco amargo: 1 vaso
Curry: 2 cucharaditas
Pimienta: 1 cucharadita
Nata: 1/4 de litro
Sal

PREPARACION

Se limpian las gambas y los camarones y se echan en una sartén con aceite y tomate triturado. Se remueve todo y se sazona con pimienta, sal y curry, agregando luego el pisco amargo, que es aguardiente típico del Perú, el cual se encuentra en comercios especializados. Se continúa la cocción a fuego lento. Aparte, se hierven los espaguetis en abundante agua con sal, y una vez al punto, se escurren, se pasan por agua fría y se condimentan con la nata y el queso rallado, mezclando cuidadosamente. Sobre esta mezcla se vierte la salsa de los crustáceos muy caliente y se sirve a continuación. En lugar de gambas y camarones pueden emplearse otros crustáceos como cangrejos o langostinos.

FIDEOS CON ANGUILA

 75 MIN. **$$** **4 RACIONES**

INGREDIENTES

Anguila fresca: 600 grs.
Laurel: unas hojitas
Tomates maduros: 200 grs.
Fideos algo gruesos: 400 grs.
Aceite
Cebolla: 1 unid.
Mejorana
Orégano
Queso rallado
Pimienta
Sal

PREPARACION

Se trocea la anguila y se fríe a fuego vivo en aceite, con las hojitas de laurel, se sazona con sal y se colocan los trozos de anguila en una olla, agregando cebolla trinchada y pulpa de tomate. Se deja hervir algún tiempo. Mientras tanto, en otra olla se hierven los fideos al dente, con agua y sal, y después se echan en una cazuela refractaria. Se enciende el horno al máximo, se salpica el preparado con el orégano y la mejorana picados y algo de queso rallado, con un chorrito de aceite, y se mete en el horno unos 5 minutos antes de servir.

ESPAGUETIS A LA PROVENZAL

 45 MIN. **$$** **4 RACIONES**

INGREDIENTES

Salmonetes: 4 unids.
Espaguetis: 400 grs.
Tomates maduros: 250 grs.
Aceite
Albahaca: 1 manojo
Cebolla: 1 unid.
Pimienta
Ajos
Sal

PREPARACION

Se limpian bien los salmonetes, sin espinas ni raspas, y se echan en una cazuela, junto con la cebolla pelada y trinchada, los tomates pelados y triturados, pimienta, sal, un chorrito de aceite y la albahaca. Se inicia la cocción, dando vuelta al pescado una sola vez. Cuando los ojos estén blancos, los salmonetes ya están cocidos. Entonces se quitan de la cazuela, se abren, se eliminan las espinas con cuidado, y la carne se pasa por la batidora junto con su marinada. Luego, se devuelven a la cazuela para espesar la salsa. Aparte, en abundante agua con sal se hierven los espaguetis, y una vez al punto se escurren, se pasan por el agua del grifo y se condimentan con la salsa del pescado. Se salpican con la albahaca picada y ajo crudo machacado.

CARACOLES CON FIDEOS DE ADORMIDERA

60 MIN.   **$$$**   **4 RACIONES**

INGREDIENTES

Para la masa:
Harina de espelta: 80 grs.

Sémola de grano duro: 80 grs.

Harina de trigo: 80 grs., Huevos: 2 unids.

Aceite: una cucharadita, Agua: una cucharada

Semillas de adormidera: 2-3 cucharadas

Para la salsa de caracoles:
Cebolletas: 2 unids., Zanahorias: una o dos unids.

Ajos: 3 dientes, Perejil: 1 manojo

Tomillo: 1-2 tallos, Mantequilla: 40 grs.

Harina integral: una cucharada, Vino blanco, seco: 1/8 de litro

Sal, Pimienta blanca molida, Caracoles en conserva: 40 unids.

Nata dulce: 1/8-1/4 de litro

PREPARACION

Para la masa: Se usan todos los ingredientes señalados anteriormente para la masa.

Para la salsa: se limpian y cortan en anillos las cebolletas, se machaca el ajo y se trincha el perejil. Se suprimen los tallos de tomillo, dejando las hojas. La mantequilla se mete en una cacerola y cuando se haya fundido, se agregan las cebolletas y las zanahorias, raspadas y en rodajitas, se revuelve bien y se dejan un minuto al fuego. Luego, se agrega el ajo y la harina, que se deja diluir, incorporando acto seguido el vino y el caldo vegetal. Se salpimenta y se salpica con las hojas de tomillo, dejándolo cocer otros 6 u 8 minutos. Finalmente, se incorporan los caracoles y la nata, y se

prosigue la cocción 2 o 3 minutos más. Se salpica todo con el perejil, y se añaden los fideos, que se habrán cocido en agua con sal entre 7 y 10 minutos.

La espelta es una variedad de la escanda, que es un trigo de grano duro, bastante difícil de quitar del cascabillo. Esta es la harina empleada para la masa de la pasta de este plato, a la cual, para otorgarle más sabor, se añaden las semillas de adormidera, que en realidad es la planta de la que se extrae asimismo el opio.

TALLARINES CON NATA Y CAVIAR

30 MIN.   **4 RACIONES**

INGREDIENTES

Nata: 1/4 de litro
Mantequilla: 100 grs.
Caviar: 1 tacita
Tallarines al huevo: 400 grs.
Queso rallado: 100 grs.
Coñac: 1 copita
Salvia: unas hojas
Sal

PREPARACION

Se pone a la lumbre una olla con agua ligeramente salada, y en otra ollita se vierte la nata con el caviar. Se enciende el fuego a llama baja para la segunda ollita y al cabo de 2 minutos se le agrega la mitad de la mantequilla y las hojas de salvia trituradas. Cuando comience a hervir el agua, se echan dentro los tallarines, se cuecen al punto (unos 20 minutos), se escurren y se pasan por agua fría. Se condimentan con queso rallado y después con la salsa del caviar. Puede añadirse una copita de coñac. Se sirve bien caliente.

FIDEOS CON GUINDILLA

20 MIN.   **4 RACIONES**

INGREDIENTES

Aceite: 1 vasito
Ajo: 4 dientes
Guindilla: 1 trozo
Fideos: 400 grs.
Sal

PREPARACION

En una sartén se echa el aceite abundante y se doran los ajos pelados, con el pedazo más grande de guindilla, sin las semillas, y se sofríe todo unos 10 minutos. En una ollita se hierven los fideos por espacio de unos 7 minutos, y para que la pasta no se pegue se vierten antes 2 cucharadas de aceite crudo. Se escurre la pasta y se pasa por el agua del grifo, y se condimenta con el sofrito, mezclándolo todo bien. Con estos fideos no se emplea queso rallado, aunque sí puede agregarse al sofrito un puñado de perejil trinchado.

ESPAGUETIS CON MARISCOS

30 MIN.   4 RACIONES

INGREDIENTES

Mariscos (almejas, mejillones, chirlas, etc...) 600 grs.
Ajo: 2 dientes, Perejil: 1 ramita
Salsa de tomate: a discreción
Espaguetis: 400 grs.
Pimienta, Sal
Papel de aluminio: 1 hoja

PREPARACION

Se limpian los mariscos y se echan en una sartén con un chorro de aceite, el ajo pelado y picado, perejil trinchado y unas cucharadas de salsa de tomate. Se dora todo 5 minutos, removiendo de vez en cuando y se deja a fuego lento para que espese la salsa. Se hierven los espaguetis, más bien gruesos, en agua con poca sal, se sacan a media cocción y se escurren. Se condimentan con la salsa y los mariscos, mezclándolo todo bien. Entonces, se extiende sobre la placa de horno una hoja de papel de aluminio, en cuyo centro se colocan los espaguetis sazonados, regándolos con un hilito de aceite; se salpimenta y se cierra el papel, dejándolo bastante alto para que el vapor circule bien por el interior. Se mete en el horno 10 minutos y se presenta a la mesa, abriendo el paquete ante los comensales. Los mariscos pueden cocerse sin la valva, o limpiando bien éstas y poniéndolos enteros para su cocción.

TALLARINES CON PUERROS

30 MIN.   4 RACIONES

INGREDIENTES

Tallarines: 400 grs.
Cebollas: 2 unids.
Puerros: 2 unids.
Cebollinos: 1 manojo
Aceite
Perejil: 1 ramita
Queso rallado
Sal

PREPARACION

Se trituran las cebollas y los puerros, bien pelado todo y lavado; se añaden unas hojas de cebollino y una pizca de perejil trinchado y se pone a dorar en abundante aceite la mitad de esta mezcla. Mientras tanto, en agua con sal se hierven los tallarines, se escurren y pasan por agua del grifo, y se condimentan con un buen puñado de queso rallado y la parte del triturado ya cocida. Se remueve y se vierte sobre la pasta el resto del triturado crudo. Se vuelve a remover todo y se sirve a la mesa.

CALDERETA DE FIDEOS DE ARROZ CON CAMARONES

 $$$

45 MIN. **4 RACIONES**

INGREDIENTES

Fideos de arroz: 180 grs.
Camarones: 250 grs.
Almidón de cocina: 1/2-una cucharadita
Cebolletas: 4 unids., Col china: 350 grs.
Zanahorias: 3 unids., Ajos: 3 dientes
Pimiento colorado: 1 unid., Pimiento verde: 1 unid.
Aceite para freír (soja o maíz): 4 cucharaditas
Sal, Caldo vegetal: 1/4 de litro
Salsa de pescado: 2 cucharadas
Salsa de soja: 2 cucharadas
Azúcar: 1/2 cucharadita

PREPARACION

Los fideos se cuecen en agua con sal durante 5 minutos y se dejan reposar. Eventualmente, una vez templados, se pueden desmenuzar un poco. Se pelan los camarones (si no son de conserva) y se lavan bien. Luego se pasan por el almidón. Se limpian y lavan las cebolletas, la col china y las zanahorias. Las cebolletas se cortan en anillos y la col por hojas. Se pican los ajos, y las zanahorias se cortan en rodajas finas. Se limpian bien los pimientos y se cortan a trocitos. Se pone al fuego una *wok* china (o una sartén), donde se calienta el aceite. En el mismo se fríen durante un minuto los camarones, salándolos a discreción, y se retiran de la sartén. En el mismo aceite se fríen las cebolletas, los ajos y los pimientos, añadiendo luego las zanahorias, y salándolo todo; al cabo de unos minutos se incorporan el caldo vegetal, la salsa de pescado, la salsa de soja y el azúcar, revolviendo bien. Finalmente, se agregan a esta salsa los fideos de arroz, mezclándolo todo.

Los fideos de arroz son tradicionales de la China del Sur, donde adquieren el aspecto de fideos de cristal, cosa que también se consigue con los fideos a base de soja o hechos con harina de judías pintas.

Nota: El *wok* es la sartén china por excelencia. Los chinos aseguran que su *wok* conserva mejor las vitaminas y las sales minerales de los alimentos que las sartenes occidentales.

ESPAGUETIS CON ATÚN

30 MIN.   **4 RACIONES**

INGREDIENTES

Espaguetis: 400 grs.
Atún en aceite: 150 grs.
Nata fresca: 1/4 de litro
Queso rallado
Coñac: un vasito
Mantequilla
Sal

PREPARACION

Se pone al fuego agua abundante con sal y al hervir se vierte la pasta, preferiblemente un poco gruesa. Aparte se trincha el atún bien desmigado, y se coloca en una ollita con nata fresca, la mantequilla y el coñac, y se calienta todo a llama baja. Cuando la pasta esté al punto, se escurre y se condimenta con queso rallado; se remueve y se sazona con la salsa del atún bien caliente. Se sirve en una sopera.

ESPAGUETIS CON MEJILLONES

30 MIN.   **4 RACIONES**

INGREDIENTES

Espaguetis frescos: 400 grs.
Mejillones (sin valva) 250 grs.
Tomates maduros: 2 unids.
Ajo: 2 dientes
Aceite: 1 vasito
Albahaca: unas hojitas
Queso rallado: 100 grs.
Pimienta
Sal

PREPARACION

Se meten los mejillones en una olla con tomate, albahaca, sal, ajo y pimienta, se hierve todo a fuego lento. Mientras tanto, se pone a la lumbre otra olla con agua ligeramente salada, se echa dentro la pasta, con dos cucharadas de aceite, y cuando el agua empiece a hervir, se va removiendo hasta que la pasta esté a punto. A continuación, se escurre la pasta, y se pasa por el grifo. Se vierte en una sopera y se condimenta con queso rallado, echando encima la salsa de mejillones. Se mezcla todo bien y se sirve, espolvoreando la superficie con el resto del queso rallado.

ESPAGUETIS CON ANCHOAS Y ACEITUNAS

 $

45 MIN.   4 RACIONES

INGREDIENTES

Espaguetis: 400 grs.
Anchoas de salmuera: 4 unids.
Aceitunas negras: 100 grs.
Dientes de ajo: 3 unids.
Tomate frito: Una lata de 200 grs.
Orégano, Perejil
Aceite, Sal

PREPARACION

Se hierven los espaguetis en agua abundante con sal, de forma que queden algo duros (10 minutos aproximadamente). Se escurren y se lavan bajo el grifo. Se desalan las anchoas durante 30 minutos, se abren en dos filetes y se sacan las espinas. Se corta cada filete en 3 o 4 trozos. Se pica el perejil, se trocean las aceitunas, sacando los huesos y se corta el ajo, pelado, en laminitas finas. En una sartén grande, con un vasito de aceite, se sofríen los ajos hasta que tomen color. Se añaden las anchoas y se les da unas vueltas; se agregan las aceitunas, se remueve y se adiciona el tomate y el perejil. Se espolvorea todo con orégano, se comprueba el punto de sal y se cuece a fuego lento duante 3 minutos. Un momento antes de servir el plato se ponen los espaguetis en la sartén y se saltean a fuego vivo para que se calienten y tomen el sabor de la salsa. Se colocan en la fuente y se espolvorean con perejil picado.

TALLARINES CON ZANAHORIAS

 $$

40 MIN.   4 RACIONES

INGREDIENTES

Zanahorias: 300 grs.
Tallarines: 400 grs.
Vinagre: una cucharadita
Huevos duros: 2 unids.
Jamón york: 150 grs.
Perejil: 1 manojo
Queso gruyère en lonchas finas: 200 grs.
Mantequilla: 30 grs.
Sal

PREPARACION

Se hierven los tallarines con agua y sal, hasta que estén al diente. Se escurren y se reservan. Aparte, se hierven las zanahorias, peladas y cortadas en dados, con azúcar y el vinagre. En una fuente se ponen las zanahorias y los tallarines, removiendo, se agrega el jamón york al que se habrá dado unas vueltas con la mantequilla caliente en una sartén, los huevos duros partidos en cuatro trozos a lo largo, y las lonchas de queso, espolvoreándolo con perejil desmenuzado. Aparte puede servirse una ensalada con lechuga, tomate y rábanos, aderezada con finas hierbas.

CINTAS CON RAGÚ DE LIEBRE

130 MIN. $$$ 4 RACIONES

INGREDIENTES

Una liebre de unos 2 kilos

Para el adobo:

Cebollas: 2 unids.

Zanahorias: 2 unids.

Tallos de apio: 2 unids.

Tallitos de tomillo: 3 unids.

Perejil: 1/2 manojo

Enebrinas: 3 unids.

Pimienta negra: 6 granos

Laurel: 3 hojas

Chianti: 1 litro

Aceite de oliva: 12 cucharadas

Sal, Pimienta blanca

PREPARACION

La liebre debe estar cortada a trozos y se deja en el adobo durante un día.

Para el adobo: se mezclan bien las cebollas picadas, las zanahorias y el apio, raspados y cortados en rodajitas, y el ragú se prepara con las verduras, el tomillo, el perejil, las enebrinas, los granos de pimienta y las hojas de laurel, en una fuente un poco honda. Se añaden el vino y la mitad del aceite. Se deja en reposo este adobo hasta el día siguiente. Los trozos de liebre se fríen en el aceite, salpimentándolos convenientemente. Luego, se va echando poco a poco el adobo, y la carne se deja en el mismo entre una hora y media y una hora y tres cuartos.

Para los fideos (cintas): mientras tanto, se trabaja con la pasta italiana, con todos los ingredientes citados, formando unas cintas de 2 cm de ancho.

Se retira la carne del adobo, y por tanto del fuego, y se deja aparte. Se pone al fuego la mantequilla, se deslíe en ella la harina, se revuelve bien, y se agregan la nata, con sal y pimienta, dejándolo cocer de 8 a 10 minutos. Se parte en pedacitos el higadillo, se fríe con mantequilla y se junta a la carne, que se baña bien con la salsa confeccionada. Los fideos se cuecen en agua con sal con una cucharada de aceite, se dejan escurrir y se incorporan al ragú de liebre.

Este plato es una especialidad de la Toscana, en Italia, donde el consumo de liebre está sumamente extendido, lo mismo que ocurre en Toledo, España.

ESPAGUETIS A LAS FINAS HIERBAS

 $

45 MIN.   **4 RACIONES**

INGREDIENTES

Espaguetis: 400 grs.
Cebollas: 2 unids.
Tomates maduros: 1/2 kg.
Orégano: un pellizco
Tomillo: un pellizco
Queso rallado: 50 grs.
Sal

PREPARACION

Se hierven los espaguetis en abundante agua salada y un chorro de aceite, durante unos 25 minutos. Se escurren y se pasan por el agua del grifo. Se confecciona la salsa de tomate, poniendo aceite en una sartén, y cuando esté caliente se fríe la cebolla picada, después de pelarla, con el tomate, también pelado y bien rallado, el orégano y el tomillo picados. Una vez hecha la salsa se pasa por el prensapurés, se mezcla con los espaguetis y se sirven con el queso rallado. Pueden ponerse 20 minutos al horno para el gratinado, con más queso rallado y copitos de mantequilla.

ESPAGUETIS AL FOIE-GRAS

 $$

45 MIN.   **4 RACIONES**

INGREDIENTES

Espaguetis: 400 grs.
Tomates maduros: 1/2 kg.
Cebolla: 1 unid.
Foie-gras: una lata
Mantequilla o margarina: 25 grs.
Aceite: un chorrito
Sal: a discreción

PREPARACION

Se hierven los espaguetis, hirviendo agua con sal y echando la pasta dentro al hervir el agua. Se sacan de la cazuela, se pasan por el chorro del grifo y se escurren. Aparte, se calienta la mantequilla (o margarina) en una cacerola, se vierten dentro los espaguetis y se mezclan. En una sartén aparte con aceite caliente, se sofríe la cebolla pelada y picada y los tomates pelados y rallados. Después, se pasa la salsa por el prensapurés, se mezcla con los espaguetis, se les da unas vueltas y se le agrega el foie-gras, amalgamándolo todo bien.

COCIDO DE ESPAGUETIS

60 MIN. **4 RACIONES**

INGREDIENTES

Espaguetis: 200 grs.
Manteca: 60 grs.
Puerro pequeño: 1 unid.
Zanahoria: 1 unid.
Cebolla: 1 unid.
Patata grande: 1 unid.
Extracto de levadura: una
cucharadita
Perejil
Agua: 1/2 litro
Sal

PREPARACION

Se pelan y cortan a trocitos las zanahorias y la patata. Luego, se corta el puerro, limpio, por la mitad longitudinalmente, y después en trozos menores. Se pela y pica la cebolla. En una cacerola, se derrite la mitad de la manteca y se cuecen las verduras durante unos minutos, añadiendo el agua. Se sigue cociendo hasta que las verduras estén blandas. Ahora, se incorporan los espaguetis, el extracto de levadura, sal al gusto y el resto de la manteca, volviendo a calentarlo todo. Se sirve con adorno de perejil trinchado.

TALLARINES CON HIERBAS AROMÁTICAS

 $$

20 MIN. **4 RACIONES**

INGREDIENTES

Tallarines frescos: 400 grs.
Mantequilla: 30 grs.
Yema de huevo: 1 unid.
Nata: un vaso
Queso rallado: 2 cucharadas
Salvia
Mejorana
Perejil
Hierba cebollina
Albahaca
Romero
Pimienta
Sal

PREPARACION

Se confecciona la salsa, triturando las hierbas aromáticas y separando 2 cucharadas en un cazo, mezclando la nata, la yema de huevo y el queso rallado, y sazonando con pimienta y sal. Se cuecen aparte los tallarines, que se escurren y se pasan por el chorro del grifo. En una cazuela se derrite la mantequilla y se le vierte la salsa encima, conjuntamente con los tallarines. Se remueve todo y se sirve.

IMPRESIÓN JAPONESA

 $$$

60 MIN.   **4 RACIONES**

INGREDIENTES

Almejas: 6 unids., Mejillones: 6 unids.

Champiñones: 8-12 unids., Limón: 1/2 unid.

Zanahorias: 3 unids., Judías verdes: 100 grs.

Col china: 200 grs., Puerros: 2 unids.

Fideos cristal (*harusame* en japonés): 200 grs.

Caldo de *dashi* (polvillo instantáneo): 1 litro

Filetes de pechuga de pollo: 300 grs.

Filetes de bacalao u otro pescado cualquiera: 300 grs.

Tofu: 200 grs., Moluscos (vieiras, ostras, etcétera): 4 unids.

Camarones congelados: 12 unids.

Salsa de soja: 4-5 cucharadas

Sake (licor de arroz): 5 cucharadas

Salsa de Tonkatsu: una cucharada

Pimienta de cayena: 1-2 pizcas

PREPARACION

Se dejan los moluscos en agua salada y fría, durante media hora, y después se lavan bien. Se limpian los champiñones y se remojan en agua con zumo de limón. Se raspan las zanahorias y se cortan en rodajas finas. Se limpian las judías y se cortan en pedazos. Se lavan las hojas de col y se cortan en cuadrados de 4-7 cm de grueso. También se limpian los puerros y se cortan en anillos. Los fideos de cristal se cuecen en agua con sal, entre 3 o 4 minutos, y luego se pasan por agua fría. El *dashi* se mezcla con un litro de agua.

Los filetes de pechuga y los de bacalao se cortan en pedazos de unos 4 cm de grueso. El tofu se corta en dados. El caldo con las hortalizas se cuece unos 5 minutos. Los moluscos, la carne de pollo y el bacalao se mezclan, y se cuecen también 5 minutos. Se mezclan los camarones, el tofu y los fideos, se condimentan y se cuecen unos 2 minutos. Finalmente, se revuelve todo en una fuente (mejor de barro cocido), y se sirve.

Siendo Japón un archipiélago es natural que su alimento principal sean los productos del mar que lo rodea que van acompañados de verduras y hortalizas de temporada, que adaptan a los platos especiales de la nación. La cocina japonesa, por otra parte, es una de las más refinadas del mundo, siendo muchas las ocasiones en que la comida se sirve en vajillas de porcelana auténtica.

SOPA DE FIDEOS

45 MIN.   **4 RACIONES**

INGREDIENTES

Fideos: 150 grs.
Cebolla mediana: 1 unid.
Tomates maduros: 2 unids.
Ajo: 2 dientes
Queso rallado: 50 grs.
Manteca de cerdo: 100 grs.
Caldo: 2 litros
Pimienta
Sal

PREPARACION

Se fríen los fideos en la mitad de la manteca hasta que estén doraditos, momento en que se escurren bien y se apartan. En la misma manteca se hace un sofrito con la cebolla finamente picada, los dientes de ajo y los tomates triturados. Se rehoga unos minutos y se vierte sobre el caldo, el cual previamente ha de estar hirviendo en una olla. Por último, se incorporan los fideos cociéndolo todo hasta que los fideos estén en su punto (unos 15 minutos). Antes de servirse la sopa, se espolvorea con el queso rallado. Se sirve bien caliente.

ESPAGUETIS A LA NAPOLITANA

 $$

60 MIN.   **4 RACIONES**

INGREDIENTES

Espaguetis: 250 grs.
Crema de leche: 3 cucharadas
Huevos: 2 unids.
Mantequilla: 50 grs.
Queso rallado: 100 grs.
Sal

PREPARACION

Se cuecen los espaguetis en agua ligeramente salada con unas gotas de aceite, a fin de que no se peguen. Una vez en su punto (unos 20 minutos), se escurren bien y se pasan por agua fría. A continuación se toma una fuente refractaria que vaya bien en el horno, se unta con un poco de mantequilla y se coloca una capa de pasta, otra de una salsa compuesta de crema de leche mezclada con los huevos bien batidos y sazonada con sal al gusto, la mitad del queso y otra capa de cada cosa, terminando con una capa de queso rallado y trocitos de mantequilla. Se gratina a horno moderado durante 15 minutos.

TALLARINES CON ATÚN

 $$

40 MIN. **4 RACIONES**

INGREDIENTES

Tallarines: 250 grs.
Harina: 2 cucharadas
Mantequilla: 50 grs.
Raspadura de naranja: 2 cucharadas
Atún en aceite: 100 grs.
Una taza de leche
Zumo de naranja: 2 cucharadas
Pimienta
Sal

PREPARACION

Se hierven los tallarines en agua ligeramente salada por espacio de 20 minutos. Acto seguido, se escurren bien y se enfrían bajo el grifo. Luego se ponen en una cacerola, agregando la mantequilla, la harina, la raspadura y el zumo de naranja, la leche, sal y la pimienta al gusto. Se deja cocer el conjunto a fuego lento sin dejar de remover. Finalmente se incorpora el atún desmenuzado y se prolonga la ebullición hasta que forme una salsa espesa, momento en que se vierte en una fuente y se sirve acto seguido.

TALLARINES ESTOFADOS

 $$

60 MIN. **4 RACIONES**

INGREDIENTES

Tallarines: 250 grs.
Cebolla mediana: 1 unid.
Tomates maduros: 3 unids.
Mantequilla: 50 grs.
Pechuga de pollo: 1 unid.
Hígados de pollo: 4 unids.
Queso rallado: 50 grs.
Perejil: 2 ramitas
Aceite, Pimienta, Sal

PREPARACION

Se cuecen los tallarines en una olla con abundante agua hirviendo (unos 3 litros), ligeramente salada, por espacio de 20 minutos. Luego, se escurren y pasan por agua fría. Aparte, se hace un sofrito con un poco de aceite, agregando la cebolla finamente picada, los tomates triturados o tamizados, el perejil finamente trinchado, la pimienta y la sal al gusto. A este sofrito se le incorpora la pechuga de pollo, previamente cocida y desmenuzada, así como los hígados de pollo. Se deja cocer el conjunto por espacio de 15 minutos, removiendo de vez en cuando. Por último, se colocan los tallarines en una fuente refractaria que vaya bien en el horno, untada previamente con algo de mantequilla, se vierte la salsa encima, se espolvorea el conjunto con el queso rallado y se gratina a horno moderado por espacio de 15 minutos. Se sirven calientes.

91

BOLSITAS RELLENAS

90 MIN.   **$$$**   **4 RACIONES**

INGREDIENTES

Para el relleno:

Champiñones cocidos: 20 grs., Cebolla: 1 unid.

Perejil: 1/2 manojo, Harina de trigo sarraceno: 100 grs.

Sal, Pimienta blanca molida, Aceite de girasol: 3 cucharadas, Huevos: 1 unid.

Para la masa:

Aceite de girasol: 4 cucharadas, Sal, Harina: 250 grs., Mantequilla para el molde.

Para el caldo:

Agua: 1/2 litro, Laurel: 2 hojas, Enebrinas: 1-2 unids.

Pimienta: 5 granos, Ajos: 2 dientes, Sal, Perejil: 1/2 manojo

Para la guarnición:

Nata agria: 300 grs., Ajo morisco: 1/2 manojo

PREPARACION

Para el relleno: Se ponen los mojardones en 1/4 de litro de agua caliente unos 20 minutos. Se pican la cebolla y el perejil. Se ponen al fuego 600 ml de agua y se deslíe en ella la harina de trigo sarraceno, dejándola al fuego 6 minutos. Se salpimenta. Se sacan los mojardones del agua y se dejan escurrir bien; acto seguido se pican. El caldo de las setas se reserva. Se pone al fuego el aceite de girasol, se frien en él los mojardones picados, unos 2 minutos, y se agrega el perejil. Ya fuera del fuego, se mezclan bien las setas, la harina y el huevo batido y se deja esto en reposo.

Para la masa: se echa aceite en una bandeja, se le añaden 100 ml de agua hirviendo, sal, y se incorpora la harina, revolviendo bien, y amasando hasta obtener una masa consistente. Después de cierto reposo, se corta la masa en cuadrados de 5 a 7 centímetros de lado. En el centro se pone una cucharadita del relleno, y cada cuadrado se une por las puntas, formando unas bolsitas, que se introducen en un molde untado con mantequilla, que a su vez se mete en el horno a 140°C, entre 12 y 15 minutos.

Para el caldo: se pone al fuego el caldo de las setas, las hojas de laurel, las enebrinas y los granos de pimienta, con el ajo machacado, la salsa y se cuece unos minutos; acto seguido, se le incorporan el perejil y las bolsitas, dejando cocer de 12 a 18 minutos. Al servir, se añade la nata y el ajo morisco con un poco de caldo.

Estas bolsitas, que son una variación de los raviolis italianos, en versión oriental, resultan muy sabrosas confeccionadas con aceite de girasol, o con aceite de semillas de adormidera.

FIDEOS CON SAL- SA DE TOMATE

35 MIN. **4 RACIONES**

INGREDIENTES

Harina: 400 grs.
Huevos: 4 unids.
Tocino entreverado:100 grs.
Tomates: 6 unids.
Pimiento rojo: 1 unid.
Aceite
Pimienta
Sal

PREPARACION

En una cazuela con aceite se dora el tocino cortado a dados. Se añade el pimiento trinchado, sin hilos ni semillas y los tomates, pelados y rallados. Se espesa la salsa, agregando sal y pimienta. Aparte, se baten los huevos y se mezclan con la harina, amasando hasta obtener una pasta consistente, que se alisa con la ayuda de un rodillo. Después se corta en tiras finas que se ponen a hervir con abundante agua y un poco de sal. Una vez hervidas se pasan por agua y se escurren, aderezándolas con la salsa bien caliente, añadiendo los trozos de tocino.

FIDEOS A LA CAZUELA (II)

 $$

90 MIN. **4 RACIONES**

INGREDIENTES

Salchichas: 150 grs.
Costilla de cerdo: 150 grs.
Fideos: 400 grs.
Ajo: un diente
Tomates maduros: 2 unids.
Cubito de caldo de carne concentrado: 1 unid.
Aceite
Sal

PREPARACION

Se sofríen en una cazuela con aceite las salchichas y la costilla de cerdo, desmenuzadas. Se agrega la cebolla trinchada y 1 diente de ajo pelado y picado. Una vez dorados, se incorporan los tomates pelados y triturados. Al cabo de media hora de cocción, se añade agua y 1 cubito de caldo concentrado y se deja hervir media hora más. Se echan los fideos cortados a pedacitos y se dejan cocer hasta que estén al punto, añadiendo agua si es necesario. Estos fideos a la cazuela han de quedar más bien caldosos.

TALLARINES CON ALBÓNDIGAS

25 MIN.   **4 RACIONES**

INGREDIENTES

Tallarines: 200 grs.
Carne picada de ternera: 200 grs.
Huevo: 1 yema
Mantequilla: 1 cucharada
Perejil: 1 ramita
Miga de pan desmenuzada
Ajo: 1 diente
Salsa de tomate: 1 taza
Aceite
Harina: 2 cucharadas
Sal

PREPARACION

Se cuecen los tallarines al punto y se pasan bajo el agua del grifo, escurriéndolos bien. Se colocan en una fuente precalentada y con la miga de pan desmenuzado, la carne picada, la yema de huevo, el ajo pelado y machacado y el perejil trinchado, se forma una pasta lisa y homogénea, que se sazona al gusto con sal. Se forman las albóndigas con esta pasta, y se pasa por harina, friéndolas luego en aceite bien caliente hasta que se doren por todos lados. Se confecciona aparte una salsa de tomate (o se adquiere en el comercio), y a dicha salsa se incorporan las albóndigas, dejando que den unos hervores. Una vez terminada, con ellas y la salsa de tomate se cubren los tallarines, que se sirven calientes.

RAVIOLIS A LA ROMANA

25 MIN.   **4 RACIONES**

INGREDIENTES

Raviolis: 3 docenas
Mantequilla: 50 grs.
Miga de pan desmenuzada: 1 cucharada
Queso rallado: 2 cucharadas
Sal

PREPARACION

Se coloca una olla a la lumbre con abundante agua salada, y cuando hierva bien se echan los raviolis, removiéndolos cuidadosamente con la espumadera. Al cabo de 5 minutos de cocerse se apartan del fuego y se escurren bien. Se prepara con mantequilla una fuente refractaria y en la misma se disponen los raviolis, cubriéndolos con miga de pan desmenuzada, mantequilla y queso rallado. Se dejan en el horno moderado por espacio de 15 minutos.

REVOLTILLO GRATINADO

 $$$

60 MIN.   **4 RACIONES**

INGREDIENTES

Para la pasta:

Harina de trigo sarraceno: 75 grs.

Harina de trigo: 125 grs., Huevos: 3 unids.

Sal, Aceite: una cucharadita, Agua: 80 ml.

Anillos de ajo morisco: 3 cucharadas

Una col rizada pequeña

Una cebolla grande, Mantequilla: 60 grs.

Sal, Pimienta negra molida

Comino: una cucharadita

Crema fresca: 6 cucharadas

Huevos: 3 unids., Leche: 5-6 cucharadas

Sbrinz rallado: 60 grs.

Mantequilla para el molde.

Pan rallado: 3 cucharadas

PREPARACION

Para la pasta: Se procede con todos los ingredientes mencionados anteriormente y una vez formados los fideos se pasan por un rallador. Se reservan.

Se limpia la col, y las hojas se cortan menuditas. Se pica la cebolla. La pasta se cuece en agua con sal, hasta que flote en ella. Se retira por medio de una espumadera y se deja escurrir.

Se pone al fuego 40 gr de mantequilla y se fríe en ella la cebolla entre 3 y 5 minutos, añadiendo entonces sal, pimienta, comino, crema fresca, los huevos batidos, la leche y la mitad del queso rallado, removiendo bien. Puede condimentarse con más sal y pimienta, al gusto.

Se mezclan los fideos y la col y se dispone en un molde previamente untado con mantequilla. Se agrega la crema de huevo, pan rallado y el resto del queso, con copos de mantequilla, y se introduce el molde en el horno a 210 o 220° C, por espacio de 18 a 25 minutos.

Estos fideos son una especialidad de algunos cantones suizos, muy crujientes y sabrosos.

ESPAGUETIS A LA FLORENTINA

 $$

45 MIN.   **4 RACIONES**

INGREDIENTES

Espaguetis: 250 grs.
Zanahoria 1 unid.
Tronco de apio: 1 unid.
Salsa de tomate: 3 cucharadas
Mantequilla: 50 grs.
Azúcar: una cucharadita
Salchichas: 2 unids.
Vino tinto: un vasito
Pimienta
Sal

PREPARACION

Se cortan los espaguetis en pedazos y se cuecen en agua hirviendo ligeramente salada. Luego se escurren y se pasan por agua fría, a fin de que queden sueltos (el tiempo de cocción de los espaguetis suele ser de 15 a 20 minutos). La zanahoria y el tronco de apio se cortan menudamente, se lavan bien y se escurren. Aparte, en una sartén con algo de mantequilla, se doran los trocitos de apio y zanahoria, añadiendo luego la salsa de tomate, se remueve todo bien y más tarde se agrega el vino, el azúcar y las salchichas troceadas, así como una taza de agua. Se prolonga la ebullición hasta que se consiga una salsa algo espesa, momento en que se vierte sobre los espaguetis, los cuales deben estar dispuestos en una fuente apropiada. Se sirven en el acto.

TALLARINES CASEROS

 $

150 MIN.   **4 RACIONES**

INGREDIENTES

Harina: 125 grs.
Agua: una cucharada
Aceite:1/2 cucharadita
Huevo grande: 1 unid.
Sal: opcional

PREPARACION

Se coloca la harina cernida sobre la tabla de amasar. Se le hace un hueco en el centro y en el mismo se disponen todos los demás ingredientes. Se mezcla todo bien hasta formar una pasta. Se deja reposar durante media hora. Luego, se divide la masa en dos y se extiende cada parte con el rodillo de modo que quede lo más delgada posible. Se conservan las dos partes de la masa separadas y se ponen a secar otra hora. A continuación, se enrolla cada parte y se cortan con un cuchillo afilado en tiras muy delgadas. Se ponen a secar sobre una tela o paño. Estos tallarines no deben guardarse mucho tiempo ya que no tienen conservantes químicos.

RAVIOLIS CASEROS

 35 MIN.   **4 RACIONES**

INGREDIENTES

Pan duro rallado: 50 grs.
Queso rallado: 100 grs.
Pimienta
Nuez moscada
Pasta de hojaldre salada
Sal

PREPARACION

Se mezcla el pan rallado con sal, pimienta y la nuez moscada. Aparte, se prepara la pasta, extendiendo la hoja encima de una mesa, poniéndole puñados de queso rallado, y la mezcla anterior, todo lo cual se cubre con más hojaldre, formando unos raviolis esponjosos que se recortan con la ayuda de un cortapastas. Una vez confeccionados se echan en una olla con abundante agua y sal y cuando estén al diente se retiran, sirviéndolos calientes con un poco del caldo de hervirlos.

RELLENO DE RAVIOLIS

 30 MIN. $ **4 RACIONES**

INGREDIENTES

Espinacas: 250 grs.
Arroz: 100 grs.
Queso rallado: 4 cucharaditas

PREPARACION

Se cuece el arroz en agua caliente durante unos 20 minutos, de manera que queden los granos blandos pero sueltos, y se mezcla bien con las espinacas, cocidas aparte, y bien picadas, y el queso rallado.

RAVIOLIS

60 MIN.   **4 RACIONES**

INGREDIENTES

Para la masa:
Harina: 150 grs.

Sémola de grano duro: 150 grs.

Huevos: 3 unids., Sal

Para el relleno:
Espinacas: 250 grs., Cebolla: 1 unid.

Mantequilla: una cucharada

Sal, Pimienta blanca molida

Nuez moscada rallada

Pasta de anchoas: 200 grs.

Huevos: 1 unid., Queso Pecorina sardo: 60 grs.

Pan rallado: 1-2 cucharadas

Para la guarnición:
Tomate al natural: 400-500 grs.

Aceite de oliva: 3 cucharadas

Queso Pecorina sardo rallado: 60 grs.

PREPARACION

Para la masa: Se deja la masa en reposo.

Para el relleno: se lavan bien las espinacas y se introducen en una cazuela, una vez bien picadas. Se corta la cebolla en rodajas finas y se fríe en la mantequilla, agregando luego las espinacas. Se retira esto del fuego, se mezcla con el queso sardo, el huevo y el pan rallado, y todo ello se pasa a puré.

Se aplana la masa y se corta en cuadrados de unos 4 cm de lado, se dispone el relleno en el centro de un lado de cada cuadrado, y se doblan éstos, formando unas orlas en los bordes.

Para la guarnición: se trituran los tomates (pueden ser de lata). Se pone al fuego el aceite, con los tomates triturados, sal y pimienta, y se cuecen al punto. Los raviolis ya formados se cuecen en agua con sal de 5 a 8 minutos. Luego, se retiran mediante una espumadera, y se colocan en una fuente, adornando con el tomate triturado, y salpicado con el queso sardo, rallado.

Este plato es una especialidad del sur de Italia, donde se emplea mucho el queso de Cerdeña rallado para toda clase de guisos de pastaciutta. ¡Y estos raviolis son eminentemente sabrosos!

FIDEOS CON MEJILLONES

60 MIN.   **4 RACIONES**

INGREDIENTES

Fideos gruesos: 400 grs.
Mejillones: 1/2 kg.
Cebolla: 1 unid., Vino blanco: 1 vasito
Tomates maduros: 2 unids.
Pimiento verde: 1 unid.
Ajo: 2 dientes, Aceite, Perejil
Laurel: 1 hoja, Orégano
Azafrán, Pimienta blanca, Sal

PREPARACION

Se cuecen los mejillones en un cazo con 1/2 litro de agua, el vino, el laurel y el orégano, hasta que se abran. Se separa la carne de las valvas y se cuela el líquido. En una cazuela, con 1 vasito de aceite, se sofríe la cebolla picada fina hasta que comience a tomar color. Se añaden los tomates, pelados, sin semillas y picados. Se remueve bien y se cuece a fuego bajo 3 minutos. Se agrega entonces el líquido de los mejillones, sal y pimienta blanca. Se aviva el fuego y cuando el líquido comience a hervir se echan los fideos y se remueve todo. Los fideos han de quedar bien cubiertos de líquido y si fuera preciso se añade un poco de agua. Mientras tanto se majan en el mortero unas hebras de azafrán con 1 diente de ajo y ésto se incorpora a la cazuela. Se rectifica de sal, se tapa la cazuela y se cuece a fuego bajo 15 minutos. 5 minutos antes de terminar la cocción se incorporan los mejillones. Se sirve caliente.

RAVIOLIS CON SALSA DE TOMATE

30 MIN.   **4 RACIONES**

INGREDIENTES

Raviolis: 3 docenas
Salsa de tomate: 1 taza
Queso rallado: 50 grs.
Mantequilla: 30 grs.
Sal

PREPARACION

Se cuecen los raviolis como en la receta anterior, se escurren bien y se disponen en una fuente de horno, cubierta con mantequilla y queso rallado. Por encima de los raviolis se echa el resto de los ingredientes citados, y finalmente se le incorpora la salsa de tomate que será muy espesa. Se introduce la fuente en el horno a fuego moderado por espacio de 10 minutos.

EMPANADA DE ATÚN

90 MIN. **4 RACIONES**

INGREDIENTES

Harina: 200 grs.
Mantequilla: 100 grs.
Huevo: 1 unid.
Agua tibia: 2 cucharadas
Sal
Relleno de la empanada:
Atún en aceite: 250 grs.
Huevos: 4 unids.
Tomates maduros: 1 kg.
Salsa mayonesa: 4 cucharadas

PREPARACION

Se dispone la harina en la tabla de la cocina formando un hueco en el centro. Se añaden la mantequilla a trocitos, el huevo, el agua tibia y una pizca de sal. Se amasa todo bien y se deja reposar media hora. Se confecciona la salsa de tomate (o se usa de lata). Se mezcla el atún con la mitad de dicha salsa y la mayonesa. Se extiende la pasta con un rodillo y se divide en dos partes. Una se dispone en una bandeja de hornear, se le da una forma rectangular y encima se coloca la mezcla de atún, 3 huevos duros cortados a rodajas, y la otra mitad de la salsa de tomate. Se cubre todo con la otra parte de pasta, se juntan los bordes de la pasta para que quede bien cerrada la empanada, se pinta la superficie con el otro huevo batido, y se mete al horno, dejando cocer aproximadamente media hora, para que tome un bonito color dorado.

MIGAS

45 MIN. **4 RACIONES**

INGREDIENTES

Pan del día anterior: 1/2 kg.
Aceite: 8 cucharadas
Ajo: 3 dientes
PImiento: 1 unid.
Pimentón
Chorizo: 150 grs.
Sal

PREPARACION

Se corta el pan a daditos, se remoja en agua y se sala ligeramente. Luego, se fríen los ajos pelados en una sartén, y cuando estén dorados se retiran. Se echan las migas de pan en el aceite caliente y se remueven mucho constantemente. Se añade el pimiento, limpio, sin semillas ni blancos, y cortado a pedacitos, junto con el chorizo, también cortado a trozos. Se espolvorea todo con una pizca de pimentón. Se deja cocer unos minutos más, removiendo con sumo cuidado y se sirven las migas calientes. Son riquísimas acompañadas de uvas.

RAVIOLIS AL ESTILO GENOVÉS

 $$$

60 MIN.   **4 RACIONES**

INGREDIENTES

Para la pasta de los raviolis:
Harina de trigo: 400 grs., Huevos: 3 unids., Sal

Aceite de oliva: 2-3 cucharadas, Agua: 1-2 cucharadas

Para el relleno:
Albahaca: 1 manojo

Sesos, molleja y bazo de cordero: 100 grs.

Borraja: 100 grs., Hojas de acelga: 250 grs., Hígado de cordero: 100 grs.

Mantequilla: una cucharada, Pan rallado: 50 grs.

Caldo de cordero: 5 cucharadas, Carne de cordero, cocida o frita: 125 grs.

Huevos: 2 unids., Queso rallado: 70 grs.

Sal, Pimienta blanca, Mejorana picada: 1/2 cucharadita

Para la guarnición:
Mantequilla en copos (hojas de mejorana): 50 grs., Parmesano: 50-60 grs.

PREPARACION

Para la masa: Se cuece y se deja reposar.

Para el relleno: se limpian las hierbas, suprimiendo los tallos, se lavan y se escurren. Se limpia y quita la piel de la molleja de cordero, y se limpia el resto de los menudillos. Toda la carne se desmenuza. Se cuecen la borraja y las hojas de acelga. Se añade la carne y se retira del fuego cuando esté todo al punto. Se frie en mantequilla el hígado 3 minutos. Se mezcla el pan rallado con el caldo y se cuece hasta que el pan rallado se ablande. La carne de cordero, el hígado, las acelgas, la borraja y la albahaca se pasan por el pasapurés. Los huevos batidos, la carne y la mezcla de pan y queso rallados se mezclan de modo homogéneo. Luego, se condi-menta con sal, pimienta y mejorana. Acto seguido, se corta la masa en cuadraditos, de unos 5 cm de lado, y una de las caras se rellena con cucharaditas de relleno, doblando la otra cara, con lo que los raviolis quedan hechos. Se introducen en agua hirviendo entre 6 y 8 minutos, y se retiran por medio de una espumadera, dejándolos escurrir. Se sirven adornados con hojas de mejorana y queso rallado.

Esta receta es original de la región de Liguria en Italia, y resulta un plato exquisito, particulamente por el aroma que le otorgan las hierbas aromáticas, como la albahaca. Por otra parte, la carne de cordero es muy adecuada para el relleno de los raviolis.

PIZZA CON PAN DE MOLDE

60 MIN.   **4 RACIONES**

INGREDIENTES

Rebanadas de pan de molde: 16 unids.
Anchoas: una lata
Crema de gruyère: 200 grs.
Tomate frito
Orégano picado: un pellizco
Aceite
Sal

PREPARACION

En una bandeja rectangular y refractaria se disponen 8 rebanadas de pan de molde. Por encima, se extiende crema de gruyère y salsa de tomate, y se pone la otra capa de pan de molde encima, volviendo a colocar crema de gruyère, salsa de tomate, las anchoas, el orégano muy picado, y se riega con un poco de aceite. Esto se mete en el horno, que ya estará encendido desde unos 10 minutos antes, y la pizza se cocerá durante otros 10 minutos. Se sirve caliente.

PIZZA SAPORITA

35 MIN.   **4 RACIONES**

INGREDIENTES

Masa preparada para pizza
Tomate concentrado: 1 latita
Mozzarella: 150 grs.
Anchoas
Aceitunas rellenas
Chanpiñones
Orégano
Aceite

PREPARACION

Se coloca la masa en una placa redonda, haciendo un pequeño reborde alrededor. Se coloca encima el tomate concentrado desleído con un poco de agua, el queso en lonchas finas y los demás ingredientes troceados. Se espolvorea con orégano desmenuzado y se rocía con aceite. Se cuece a horno medio durante 25 minutos, hasta que la masa tome un poco de color.

Nota: La guarnición de las pizzas admite gran variedad, excepto el tomate y el orégano que son imprescindibles, de no tratarse de pizzas especiales.

MACARRONES AL NATURAL

 $

40 MIN.   4 RACIONES

INGREDIENTES

Macarrones: 400 grs.
Cebollas medianas: 3 unids.
Aceìte: 3 cucharadas
Sal

PREPARACION

Se cuecen los macarrones en agua ligeramente salada durante 20 minutos, incorporando una cucharada de aceite en el momento en que comiencen a hervir. Luego, se escurren y pasan por agua fría, colocándolos acto seguido en una fuente cualquiera. Aparte, en una sartén se echa el resto del aceite, friendo en el mismo las cebollas, finamente picadas. Cuando la cebolla picada haya tomado color dorado, se incorporan los macarrones, junto con el aceite que ha servido para dorarla. Se mezcla bien el conjunto y se sirve inmediatamente.

MACARRONES CON COLIFLOR

 $$

60 MIN.   4 RACIONES

INGREDIENTES

Macarrones: 400 grs.
Coliflor tamaño mediano: 1 unid.
Harina: 2 cucharadas
Mantequilla: 50 grs., Leche: 1 vaso
Queso rallado: 50 grs.
Nuez moscada: unas ralladuras
Aceite, Sal

PREPARACION

Se cuece la coliflor en agua salada, ya troceada tratando que no se deshaga. Se escurre y aparta. Se cuecen los macarrones en agua salada 20 minutos, añadiendo una cucharada de aceite cuando empiecen a hervir, para que no se peguen. Una vez en su punto, se escurren y se enfrían bajo el grifo, apartándolos con la coliflor cocida. En una cacerola se pone un trozo de mantequilla. Ya derretida, se incorpora la harina poco a poco, removiendo el conjunto constantemente. Se añade la leche, así como la nuez moscada rallada y la sal al gusto. Por último, el queso rallado (se guarda la mitad para el gratinado). Esta salsa se hierve 10 minutos a fuego moderado, removiendo hasta que tome espesor. Finalmente, se colocan los macarrones en una fuente untada con mantequilla, se cubren con la coliflor cocida y se riega todo con la salsa, espolvoreando la superficie con el resto del queso rallado. Se gratina a horno moderado 15 minutos.

RAVIOLIS CUADRADOS

  $$$

45 MIN.   **4 RACIONES**

INGREDIENTES

Para la masa:

Harina: 300 grs., Huevos: 2 unids., Sal

Agua: 5-6 cucharadas

Para el relleno:

Espinacas (pueden ser congeladas): 200 grs.

Perejil: 1/2 manojo, Cebolla: 1 unid.

Carne de buey ya cocida: 200 grs.

Mantequilla: 30 grs.

Pan rallado: 2-3 cucharadas

Cebollino trinchado: una cucharada

Sal, Pimienta molida, Nuez moscada molida

PREPARACION

Para la masa: se forma una lámina gruesa con la harina y en el centro se hace un hueco donde se echan los huevos batidos y el agua. Luego, se deja en reposo.

Para el relleno: se cuecen las espinacas en agua con sal, y se desmenuzan mucho, lo mismo que la cebolla y el perejil, mientras la carne se corta en dados pequeños. Todo esto se pasa por el fuego, con mantequilla fundida, y una vez bien cocido se retira y se mezcla bien, condimentando con sal, pimienta y nuez moscada.

La masa se corta en cuadrados de 6 o 12 cm de lado y en el centro se dispone el relleno. Se doblan sobre sí mismos los cuadrados, y se disponen a cierta distancia unos de otros, con cierta simetría, en una bandeja a propósito, y los espacios vacíos se untan con clara de huevo, y los cuadrados se doblan sobre sí mismos, pudiendo darles diversas formas, como cuadraditos, triángulos, etcétera. A continuación, estos cuadrados se cuecen en agua con sal durante 8 o 10 minutos. Se escurren y se sirven con cebollitas en conserva o una ensalada del tiempo.

Cuando al llegar la Cuaresma, se hacen comidas de abstinencia, se suprime la carne del relleno de estos raviolis sustituyéndola por algunas verduras. ¿Se logrará con esto la remisión de los pecados?

Nota: Tanto rellenos de carne como de verduras, estos raviolis cuadrados son sumamente sabrosos al paladar.

PIZZA DE CHAMPIÑONES

60 MIN. **4 RACIONES**

INGREDIENTES

Masa preparada para pizza
Tomates: 200 grs.
Champiñones: 300 grs.
Mantequilla: 20 grs.
Ajo: 2 dientes
Ramita de perejil: 1 unid.
Hojita de albahaca: 1 unid:
Aceite
Sal

PREPARACION

En una sartén con la mantequilla derre- tida y bien caliente se ponen los dientes de ajo, mondados y finamente picados. Cuando el ajo comience a dorarse, se agregan los champiñones, previamen- te lavados y finamente picados. Se sazona con sal al gusto y se prolonga la ebullición por espacio de 20 minutos, removiendo de vez en cuando. Se ro- cían los champiñones, así como la gra- sa de cocción, sobre la masa, incorpo- rando luego los tomates, mondados y cortados a tiritas. Se espolvorea final- mente con el perejil y la albahaca (todo ello bien picadito), salando al gusto. Se rocía con un poco de aceite y se cuece a horno moderado por espacio de 25 minutos.

PIZZA TROVATORE

45 MIN. **4 RACIONES**

INGREDIENTES

Masa preparada para pizza
Queso mozzarella: 200 grs.
Salchichón: 100 grs.
Filetes de anchoa: 8 unids.
Orégano: una pizca
Aceite
Pimienta
Sal

PREPARACION

Primero se trocea menudamente el queso mozzarella, el cual se extiende sobre la superficie de la masa. Acto seguido, se termina de adornar la pizza con el salchichón, menudamente tro- ceado. Se incorporan luego los filetes de anchoa bien picados y se espolvo- rea el conjunto con una pizca de oréga- no, la pimienta y la sal que se desee. Se rocía la pizza con aceite y se cuece a horno moderado por espacio de 25 minutos.

PIZZA CLÁSICA

 $$

45 MIN.   **4 RACIONES**

INGREDIENTES

Masa preparada para pizza
Tomates: 200 grs.
Mozzarella: 250 grs.
Filetes de anchoa: 8 unids.
Orégano: una pizca
Aceite
Pimienta
Sal

PREPARACION

Se coloca en la masa el conjunto de los ingredientes de la siguiente manera: los tomates, mondados y cortados a tiritas, los filetes de anchoa troceados y el queso mozzarella menudamente troceado. Se espolvorea el conjunto con una pizca de orégano, pimienta y sal al gusto. Se rocía la pizza con aceite y se coloca en el horno, a fuego moderado, por espacio de 25 minutos.

PIZZA MOZZARELLA

 $$

25 MIN.   **4 RACIONES**

INGREDIENTES

Masa preparada para pizza
Queso mozarella: 500 grs.
Orégano: una pizca
Aceite
Sal

PREPARACION

Se corta menudamente el queso mozzarella y se rocía sobre la superficie de la masa. Se espolvorea con una pizca de orégano y con sal al gusto, terminando por rociar con aceite. Se cuece a horno moderado por espacio de 25 minutos.

TORTELLINI AL ESTILO DE BOLONIA

 $$$

70 MIN.   **4 RACIONES**

INGREDIENTES

Para la masa:
Harina de trigo: 300 grs., Huevos: 3 unids.

Sal, Aceite de oliva: una cucharadita

Para el relleno:
Mantequilla: 20 grs.

Carne de pavo o pechuga de gallina: 80 grs.

Carne de cordero: 80 grs.

Carne picada de cerdo: 80 grs.

Mortadela: 80 grs., Jamón de Parma: 80 grs.

Huevos: 1 unid., Yema de huevo: 1 unid.

Queso rallado: 100 grs.

Sal, Pimienta blanca molida

Nuez moscada rallada

Caldo: 1 litro o un litro y cuarto

Para la guarnición:
Queso rallado: 50 grs.

PREPARACION

Para la masa: Se deja reposar la masa entre 20 y 30 *minutos*.

Para el relleno: se funde la mantequilla. En la misma se fríen durante 10 o 12 minutos la pechuga, el cordero y la carne picada. Luego, una vez enfriada la carne se mezcla con la mortadela picada, así como el jamón de Parma, y todo esto se convierte en una especie de puré. El huevo, la yema y el queso rallado se mezclan y condimentan. Después, se alisa la masa en una lámina de unos 2 cm de grosor. De ésta se forman unos cuadrados de unos 4 cm de lado, y se van rellenando en el centro, según las recetas anteriores, con el puré de carne. Por fin, se da forma de conchitas a los cuadrados, y se cuecen en agua con sal entre 20 y 25 minutos. Luego, se sumergen en el caldo hirviendo por espacio de 8 o 9 minutos, y se disponen en la fuente de servir, salpicándolos con queso rallado. Se sirven en el mismo caldo.

Un producto especial de la región de Emilia es el jamón, prosciutto en italiano de Parma, así como la mortadela, uno de los embutidos más sabrosos de esta región.

PIZZA AL JAMÓN

45 MIN.   **4 RACIONES**

INGREDIENTES

Masa preparada para pizza
Jamón york: 250 grs.
Queso de mozzarella: 150 grs.
Aceitunas negras: 100 grs.
Aceite
Pimienta
Sal

PREPARACION

Se reviste el molde (o bien los moldes individuales) de la masa, cubriéndola completamente con el jamón york cortado a trocitos menudos, así como la mozzarella. Se incorporan finalmente las aceitunas, deshuesadas y troceadas, espolvoreando el conjunto con sal y pimienta al gusto. Se rocía la pizza con aceite y se cuece a horno moderado por espacio de 25 minutos.

PIZZA GUSTOSA

60 MIN.   **4 RACIONES**

INGREDIENTES

Masa preparada para pizza
Gambas mondadas: 100 grs.
Tomates maduros: 5 unids.
Calamares limpios: 150 grs.
Queso fuerte (provalone,
camembert, etc...): 50 grs.
Filetes de anchoa: 4 unids.
Mozzarella: 50 grs.
Unas hojitas de albahaca
Limón: 1 unid., Orégano: una pizca
Aceite , Pimienta, Sal

PREPARACION

Se lavan biene las gambas y los calamares, cortándolos menudamente e hirviéndolas en agua ligeramente salada durante 15 minutos, agregando a la cocción el zumo del limón. Pasado este tiempo, se escurre bien y se aparta. Se cortan menudamente las dos clases de queso (el queso fuerte y picante como el provalone, camembert, etcétera, así como la mozzarella). Se recubre la superficie de la masa con las gambas y los calamares, ya cocidos y troceados, incorporando luego los tomates, mondados y cortados a tiritas, así como los filetes de anchoa bien trinchados. Finalmente se espolvorea la pizza con la albahaca finamente picada, una pizca de orégano, pimienta y sal al gusto. Se rocía la pizza con aceite y se cuece a horno moderado por espacio de 25 minutos.

MASA PARA PIZZA

180 MIN.   **4 RACIONES**

INGREDIENTES

Harina: 400 grs.
Levadura: 15 grs.
Aceite
Sal

PREPARACION

Se extiende la harina sobre una tabla limpia, de forma que quede un montículo, se hace un hueco en el centro y se incorpora en él la levadura, previamente diluida en una taza de agua tibia y ligeramente salada. A continuación se procede al amasado, agregando más agua hasta obtener una masa compacta y elástica. Se forma con la masa una bola, dejándola reposar, cubriéndola con un paño, un mínimo de 3 horas, a fin de que la masa fermente. Después se trabaja la masa una vez más con las manos, y se forma un círculo de unos 30 cm. de diámetro, o bien 4 círculos más pequeños, de 1 cm. de espesor. Finalmente, se coloca la masa en un molde para pizza previamente engrasado con aceite, pinchando ligeramente la masa con un tenedor. Acto seguido se pone a cocer a horno moderado durante 25 minutos.

PIZZA CUATRO ESTACIONES

45 MIN.   **4 RACIONES**

INGREDIENTES

Masa preparada para pizza
Jamón york: 200 grs.
Champiñones: 200 grs.
Mantequilla: 30 grs.
Mozarella: 250 grs.
Tomates maduros: 4 unids.
Mejillones: 400 grs.
Aceite, Pimienta, Sal

PREPARACION

Se limpian minuciosamente y en abundante agua los champiñones y se trocean finamente. Acto seguido, se saltean unos minutos en una sartén con la mantequilla derretida. Aparte, se lavan los mejillones y se cuecen luego al vapor (con muy poca agua) hasta que estén abiertos, instante en que se separan los moluscos de sus conchas y se apartan en un tazón. A continuación, se corta a trocitos la mozzarella, así como el jamón york, mezclando ambas cosas. Finalmente, se prepara la pizza de la manera siguiente: se recubre una cuarta parte de la superficie de la masa con los mejillones, otra cuarta parte con la mozzarella y el jamón york mezclados, así como los tomates, mondados y cortados a tiras y una última capa con los champiñones. Se sazona al gusto con sal y pimienta, se rocía con aceite y se cuece la pizza, a horno moderado, durante 25 minutos.

RAVIOLIS CON RELLENO DE CHAMPIÑONES

60 MIN.

$$$

4 RACIONES

INGREDIENTES

Para la masa:
Harina de centeno: 100 grs.

Harina integral: 100 grs.

Sal, Huevos: 2 unids.

Aceite de oliva: 2 cucharaditas

Agua: una cucharada

Mejorana picada: 1/2 cucharadita

Para el relleno:
Champiñones: 200 grs.

Mantequilla: 25 grs.

Zumo de limón: 1/2 cucharadita

Sal, Pimienta blanca molida

Queso rallado: 2-3 cucharadas

Yema de huevo: 1 unid.

Nata dulce: 2 cucharadas

Para el adorno:
Mantequilla: 40 grs.

Piñones: 40 grs.

PREPARACION

Para la masa: Se usan los ingredientes mencionados anteriormente.

Para el relleno: se limpian los champiñones, se pican y se fríen en mantequilla. Se añade una mezcla de zumo de limón, sal y pimienta. Se retiran del fuego y se pasan por pan rallado, yema de huevo y nata.

Una vez cortados los raviolis de la masa, se dispone en el centro de un lado una cucharada de relleno, y se dobla el otro lado, uniéndolos y formando el consabido reborde. Los lados se unen untando con un poco de yema de huevo. Luego, los raviolis se cuecen en agua con sal durante 6 o 7 minutos. Se van sacando mediante una espumadera, se dejan escurrir y se sirven calientes, adornados con piñones y copos de mantequilla, pudiendo adornar también con algunos champiñones partidos.

Los raviolis constituyen uno de los platos favoritos de Italia, aunque hoy día se han extendido por multitud de países europeos y americanos.

PASTA DE LIVORNO

 $$

info
35 MIN.   4 RACIONES

INGREDIENTES

Jamón serrano: 100 grs.
Salchichón magro: 100 grs.
Pasta de sémola de trigo duro: 400 grs.
Albahaca
Tomillo
Ajo: 2 dientes
Guindilla: 1 trozo
Vino blanco seco: 1 vaso
Aceite: 1 vaso
Cebolla: 1 unid.
Pimienta
Sal

PREPARACION

Se trituran el jamón, el salchichón y la cebolla pelada, y se dora todo en la sartén con abundante aceite; se agrega el ajo machacado y el coñac, y se deja hervir la salsa, que se guarda muy caliente. Mientras tanto, se pone al fuego una olla con agua abundante y sal, y se echa en la misma la pasta elegida, la cual una vez hervida se escurre y pasa por agua fría, y se traslada la salsa a la sartén, echando dentro también la pasta cuando la salsa hierva ya, removiendo bien y se sirve hirviendo en el mismo recipiente.

PASTA CON RAGÚ AL ATÚN

 $$

60 MIN.   4 RACIONES

INGREDIENTES

Pasta italiana: 350 grs.
Tomates maduros: 200 grs.
Cebolla: 1 unid.
Ajo: 1 diente
Albahaca
Aceite de oliva
Mantequilla: 50 grs.
Anchoas en aceite: 3 unids.
Atún en aceite: 100 grs.
Pimienta
Sal

PREPARACION

Se trituran el ajo y la cebolla, pelados, y se doran en abundante aceite; luego, se añaden los tomates pelados y triturados, 3 hojitas de albahaca, pimienta y sal. Se ponen en otra cazuela las anchoas y se trinchan bien con un tenedor, agregando una cucharada de aceite y el atún troceado; esto se sofríe unos minutos y se prosigue a fuego lento, virtiendo toda la salsa de tomate, cociéndolo durante unos 45 minutos. Se vierte la pasta en agua hirviendo con sal, se cuece al punto, se escurre y pasa por agua fría, y se echa todo en una sopera condimentada con el ragú, se remueve todo bien y se sirve.

PASTEL DE BACON

45 MIN.   **4 RACIONES**

INGREDIENTES

Pasta: 250 grs.
Bacon ahumado: 300 grs.
Huevos: 2 unids.
Perejil: 2 ramitas
Nata: 1 decilitro

PREPARACION

Se estira la pasta con el rodillo y se coloca en un molde plano. Encima se pone el bacon cortado a daditos, de manera que cubra toda la pasta y se espolvorea con el perejil picado. Se baten los dos huevos y se les añade la nata, batiendo todo bien. Esto se vierte encima del bacon y se introduce todo al horno a 220° C, por espacio de unos 25 minutos.

PASTEL DE JAMÓN

60 MIN.   **4 RACIONES**

INGREDIENTES

Jamón cocido: 150 grs.
Pan de molde
Mantequilla: 100 grs.
Crema de gruyère: 100 grs.
Huevos: 2 unids.
Leche: 1/4 de litro

PREPARACION

El molde se engrasa con mantequilla y se tapiza con jamón cocido, cortado normal. El molde debe ser de los indicados para plum-cake. Ya tapizado el molde con el jamón, se elimina la corteza del pan de molde. Se unta éste con mantequilla por ambas caras y se van colocando las rebanadas cuadradas encima del jamón; se cubre luego con la crema de gruyère, y se pone otra capa de pan de molde sin corteza y untado con mantequilla, hasta llenar el molde. Se baten los dos huevos con la leche y se vierte encima del pan, presionando ligeramente para que lo empape bien. Se introduce en el horno caliente durante unos 10 minutos. Se desmolda en una bandeja, rectangular a ser posible, y se sirve adornando con lechuga recortada y rodajitas de naranja.

TRIÁNGULOS RELLENOS

 $$$

60 MIN.   4 RACIONES

INGREDIENTES

Para la masa:
Harina: 300 grs., Huevos: 2 unids.

Sal, Agua: 100 ml.

Para el relleno:
Huevos: 1-2 unids., Cebolla: 1 unid.

Perejil: 1/2 manojo, Grasa de gallina: 40 grs.

Hígado de gallina: 300 grs.

Sal, Pimienta

Para la guarnición:
Aceite, Cebolla

Caldo de gallina: 1 litro

PREPARACION

Para la masa: Se deja en reposo de 30 a 40 minutos.

Para el relleno: se cuecen los huevos y se mondan. Se pican la cebolla y el perejil, aparte. Se pone al fuego la grasa y en la misma se fríe la cebolla, agregando el hígado. Se cuece durante 6 o 7 minutos, se aparta de la lumbre y se pasa por el pasapurés. Se pican las yemas de los huevos y se mezclan con el puré del hígado y el perejil picado, salpimentando. Se deja enfriar.

La masa de harina se corta en cuadrados de 5 u 8 cm de lado, y se rellenan con la masa de relleno preparada, doblando los cuadrados sobre sí mismos y pegando bien los bordes. A continuación, se cuecen en agua con sal entre 8 y 10 minutos. Se retiran mediante una espumadera y se sirven en el caldo de gallina, con trocitos de cebolla, todo regado en aceite.

Es éste un plato favorito de los judíos, aunque también de otros países de Oriente, que da un gran realce a su cocina.

Nota: Puede haber una variante del relleno, con cebolla picada y frita en mantequilla, 250 grs. de puré de patata, una o dos cucharadas de requesón, una cucharada de nata agria, revuelto con huevo batido, y condimentado con sal y pimienta.

TARTA DE QUESO Y CEBOLLA

45 MIN.   4 RACIONES

INGREDIENTES

Pasta de pastelería: 250 grs.
Cebollas hermosas: 2 unids.
Queso gruyère: 200 grs.
Huevos: 2 unids.
Crema de leche: 1 vasito
Sal

PREPARACION

Se extiende la pasta con el rodillo en un molde, poniendo encima la cebolla, que ya estará frita en aceite muy despacio, para que quede bien blanda. Se corta el queso a pedacitos y se mezcla con cebolla. Se baten los huevos y se mezclan con la crema de leche y una pizca de sal, vertiendo esto por encima de la cebolla y el queso. Se introduce al horno, previamente calentado. Se cuece unos 30 minutos.

PASTEL DE TORTELLINI

 $$

165 MIN.   4 RACIONES

INGREDIENTES

Carne picada: 150 grs.
Menudillos de pollo picado: 150 grs.
Tortellinis fresco: 350 grs.
Mantequilla: 200 grs.
Hojitas de salvia, Cebolla: 1 unid.
Jugo de tomate concentrado: 2 cucharadas, Caldo: 1 taza
Nata fresca: 1/ 8 de litro
Pasta de hojaldre (hecha en casa o congelada): 350 grs.
Queso rallado: 100 grs.
Huevos: 2 unids., Pimienta, Sal

PREPARACION

Se prepara un ragú de carne picada, la mantequilla, los menudillos de pollo, la salvia, un poco de cebolla y el tomate, y se riega con el caldo hasta que la salsa quede consistente y sabrosa, agregando un poco de nata. Se extiende la pasta de hojaldre (reservando un poco para cubrir el pastel) en un molde untado con mantequilla. Se hierven los tortellinis y se condimentan con queso rallado y mantequilla fundida, con salvia. Se extiende sobre la masa una capa de tortellinis, luego una de ragú y una de queso rallado. Se continúa así, terminando con la capa de queso. Se baten 2 huevos con sal y pimienta y se vierten sobre el relleno. Se cubre con el hojaldre reservado y se presionan ligeramente los bordes. Se introduce al horno muy caliente 45 minutos.

PANECILLOS RELLENOS

45 MIN.   **4 RACIONES**

INGREDIENTES

Panecillos: 4 unids.
Huevos: 4 unids.
Leche: 1 taza
Jamón cocido: 50 grs.
Piñones: 50 grs.

PREPARACION

A los panecillos se les corta la parte superior y se les quita la miga; luego, se mojan en un poco de leche, se pone en el hueco una yema de huevo, las claras batidas a punto de nieve, y encima los piñones y el jamón a daditos, y se fríen.

PANECILLOS FRITOS

60 MIN.   **4 RACIONES**

INGREDIENTES

Panecillos: 4 unids.
Cebolla: 1 unid.
Atún: 1 lata
Piñones: 50 grs.
Tomates maduros: 1/4 de kg.
Huevo: 1 unid.
Aceite
Sal

PREPARACION

Los panecillos se abren por la parte superior, y se reserva el casquete, si bien se les quita la miga. En la sartén, se hace un sofrito con la cebolla pelada y picada y el tomate triturado, y cuando está casi frito, se añaden el atún y los piñones, dejándolo a fuego lento por espacio de 5 minutos, hasta que quede bien frito el tomate. Con esta mezcla se rellenan los panecillos y se tapan con los casquetes, pegando las tapas con huevo batido, para que no salga el relleno. Se fríen en abundante aceite.

MENESTRA

120 MIN.   **4 RACIONES**

INGREDIENTES

Judías pintas: 250 grs., Judías verdes: 200 grs.

Puerros: 2 unids., Calabacines: 2 unids.

Zanahorias: 3 unids., Col: una unid. de 600 grs.

Tomates: 6 unids., Palas de apio: 5 unids.

Perejil: 1 manojo, Tocino magro: 200 grs.

Aceite de oliva: 2 cucharadas

Pasta italiana (pistones): 300 grs.

Para la guarnición:

Pesto de albahaca, Queso rallado al gusto

PREPARACION

Se dejan las judías pintas en agua fría toda la noche, pudiendo añadir una pizca de bicarbonato. Al día siguiente, se escurren y se salan, dejándolas cocer en agua hirviendo durante una hora. Mientras tanto, se limpian las judías verdes y se trocean. Se limpian los puerros y se cortan en anillos; también se lavan y raspan los calabacines y las zanahorias, cortándolos en dados. Se limpia la col y se deshoja, troceando asimismo las hojas. Los tomates se sumergen en agua caliente y luego se pelan fácilmente y se pica su pulpa. También se pican las palas de apio y el perejil. El tocino se corta en dados. En una olla se fríe el tocino en aceite, y se incorporan las judías verdes, el puerro, las zanahorias, los calabacines y la col, revolviendo bien todo y dejándolo al fuego unos 8 minutos. Acto seguido, se agregan los tomates, los calabacines y las palas de apio y el perejil, se añade el caldo de carne, se salpimenta todo, y se prosigue la cocción unos 20 minutos. Si las verduras no están aún al punto, se agrega un poco más de caldo y se continúa la cocción. A continuación, se incorporan los pistones y se deja todo al fuego de 9 a 10 minutos más. Finalmente, se añaden las judías pintas ya cocidas y un poco de perejil picado, se le da unas vueltas al conjunto, y se vuelca en una sopera o se sirve en la misma olla, adornándolo con el pesto y el queso rallado.

La menestra, que en Italia llaman Minestrone, es realmente un plato italiano, muy gustoso a causa de todas las hortalizas que lo componen. La particularidad de la presente receta consiste en la presencia del pesto de albahaca, que le confiere un sabor grato por demás.

PASTEL DE MACARRONES

60 MIN.   **4 RACIONES**

INGREDIENTES

Bechamel: 1 taza

Nuez moscada

Queso rallado: un puñado

Masa de pasta de hojaldre congelada: 250 grs.

Macarrones de sémola de grano duro: 400 grs.

Ragú de carne: 1 taza

Mantequilla

Pimienta, Sal

PREPARACION

Se confecciona una bechamel con 100 gramos de mantequilla, 6 cucharadas de harina y leche, agregando un puñado de queso rallado, pimienta, nuez moscada y sal. Aparte, se prepara un ragú de carne al gusto o se adquiere un frasco ya preparado. Se hierven en su punto los macarrones en agua con sal, y se pasan, ya escurridos, por agua fría. Se extienden dos terceras partes de lámina de pasta y se forra una fuente refractaria y cuadrada untada con mantequilla. Se dispone entonces una capa de pasta, otra de bechamel, una de pasta, otra de ragú, y así sucesivamente, terminando con una de bechamel. Se cubre con el resto de la lámina, cerrando bien los bordes. Cuando falte media hora para servir, se enciende el horno a 200° C y se introduce en él la fuente, cociendo el pastel hasta dorarlo. Se sirve como plato único.

PASTA CAMPESTRE

75 MIN.   **4 RACIONES**

INGREDIENTES

Jamón cocido: 100 grs.

Macarrones: 400 grs.

Salchichas picantes: 100 grs.

Mortadela: 100 grs.

Morcilla:100 grs.

Manteca de cerdo: 50 grs.

Salvia

Romero

Vino tinto abocado: 2 vasos

Guisantes tiernos: 300 grs.

Sal

PREPARACION

Se pican todos los embutidos y se doran en la manteca batida, las hojas de salvia y romero, bañando con un vino tinto abocado, poco a poco. Se cuece, añadiendo al final de la cocción los guisantes muy tiernos y un pellizco de pimienta (opcional). Los macarrones se hierven a su punto, se escurren, se pasan por agua del grifo, y se bañan con la salsa hirviendo. No se pone queso rallado. Es plato único.

PASTA Y TRIPA

 $$

60 MIN.   **4 RACIONES**

INGREDIENTES

Tripa: 400 grs.
Pasta de sémola: 400 grs.
Pulpa de tomate: 300 grs.
Aceite: 1/2 vaso
Queso rallado: 100 grs.
Vino blanco seco: 1 vaso
Cebolla hermosa: 1 unid.
Aguardiente: 1 copita
Pimienta
Sal

PREPARACION

Se pica la tripa previamente lavada y hervida, y se dora en aceite, con la cebolla trinchada y el tomate triturado, añadiendo poco a poco el vino blanco y seco y la copita de aguardiente. Se sazona con sal y pimienta al gusto. Aparte, se hierve al punto la pasta de sémola de trigo duro o la pasta fresca; y ya escurrida convenientemente, tras cocerla en agua con sal, se condimenta con el jugo de la tripa, se espolvorea con queso rallado y se sirve.

TORNILLOS A LA NAPOLITANA

 $$$

75 MIN.   **4 RACIONES**

INGREDIENTES

Tallo de apio: 1 unid.
Cebolla: 1 unid.
Ajo: 2 dientes
Zanahoria: 1 unid.
Tocino picante: 300 grs.
Aceite: 1 vaso
Vino blanco seco: 1 vaso
Requesón: 200 grs.
Guindilla: 1 trozo
Salsa de tomate concentrado: 4 cucharadas
Pasta de tornillos: 400 grs.
Pimienta
Sal

PREPARACION

Se trituran la cebolla, el tallo de apio, la zanahoria, el ajo, el tocino, el chorizo, la carne, después de lavarlo o pelarlo todo adecuadamente, y se dora todo con el aceite en la sartén, bañando de vez en cuando con el vino blanco y seco. A la salsa se añade el requesón desmenuzado, se mezcla y rectifica de sal, pimienta y la guindilla machacada. Luego, se agregan 4 cucharadas de salsa concentrada de tomate y se prosigue la cocción por espacio de una hora como mínimo. Se coloca al fuego una cazuela con agua abundante y sal y al hervir se echan dentro los tornillos, que cocerán hasta el punto exacto, condimentándose entonces con la salsa hirviendo. Es plato único.

CANGREJOS EN CONCHITAS

 $$$

60 MIN.　　　　　**4 RACIONES**

INGREDIENTES

Conchas de sémola de grano duro: 20 unids.

Cebolletas: 2 unids.

Eneldo: 1/2 manojo

Mantequilla: 50 grs.

Harina de trigo: 20 grs.

175-200 ml de líquido (1/3 de caldo, 1/3 de nata dulce y 1/3 de leche)

Cangrejos: 250 grs.

Sal

Pimienta blanca molida

Salsa Worcestershire: unas gotas

Mantequilla para el molde: 20 grs.

Queso rallado: 40 grs.

Para la guarnición:

Ramitas de eneldo o bien hojas de lechuga

PREPARACION

Las conchas se cuecen en abundante agua, entre 8 y 12 minutos. Se retiran del agua, y se escurren sobre un paño de cocina limpio.

Mientras tanto, se limpian las cebolletas, cortándolas en anillos; se pica el eneldo, y se deja esto aparte para la guarnición. Se pone al fuego la mantequilla, y se fríen las cebolletas en ella. Se agrega la harina y se deja cocer unos minutos, hasta que tome color. Luego, se vierte lentamente el caldo, la nata y la leche, revolviendo con cuchara de palo, hasta que espese. Se deja cocer a fuego medio durante unos 6 minutos. La salsa debe quedar bastante consistente. La carne de las cangrejos se mezcla con eneldo, se salpimenta y se añaden las gotas de salsa Worcestershire, y con esta masa se rellenan las conchitas, que se diponen en un molde untado con mantequilla, con salpicaduras de queso rallado; se tapa con papel de aluminio, y se pone en el horno de 8 a 15 minutos, a 200° C. Al cabo de 3 o 4 minutos se retira el papel de aluminio. Este plato se sirve con hojitas de eneldo o de lechuga.

En Italia a las conchitas las denominan conchiglioni, *y resultan especialmente ricas en combinación con la carne de cangrejo, que puede sustituirse por la de otros crustáceos cualesquiera.*

PASTA PIAMONTESA

90 MIN. **4 RACIONES**

INGREDIENTES

Pescado a rodajas sin espinas: 600 grs.
Cebolla: 1 unid., Mantequilla: 200 grs.
Tomate concentrado: 4 cucharadas
Piñones: 100 grs., Espaguetis: 400 grs.
Vino blanco, Pan rallado, Sal

Para la bechamel:
Mantequilla: 40 grs.
Harina: 4 cucharadas
Leche, Queso rallado

PREPARACION

Se hierve el pescado sin espinas ni escamas, y se sofríe la carne bien limpia con cebolla picada y mantequilla, agregándole poco a poco el vino blanco con 4 cucharadas de tomate concentrado. Se prepara aparte la bechamel con mantequilla, harina y leche, incorporando un buen puñado de queso rallado. Se cuecen los espaguetis, se escurren y pasan por el agua del grifo, y luego se condimentan con el jugo del pescado, untándolos después con mantequilla y salpicándolos con pan rallado. Se unta también con mantequilla y pan rallado una cazuela refractaria, se forma una capa de espaguetis condimentados, se cubre con unas cucharaditas de bechamel y se continúa formando capas hasta terminar con una capa final de bechamel. Se mete la cazuela al horno muy caliente durante un cuarto de hora hasta que la superficie esté bien gratinada.

PASTA AL REQUESÓN

25 MIN. **4 RACIONES**

INGREDIENTES

Requesón: 250 grs.
Pasta de sémola de trigo: 400 grs.
Nata: 1/4 de litro
Pepinillo: 1 unid.
Azúcar
Canela
Pimienta
Sal

PREPARACION

En una cazuela se deslíe el requesón con la nata, que debe ser muy fresca, pimienta, sal, no mucha, y un poco de pepinillo, una cucharada de azúcar y otra de canela. En una olla grande se hierve la pasta al punto justo, en abundante agua con sal. Es preferible escoger espaguetis o macarrones, de pasta de sémola de grano duro. Se cuela la pasta y se pasa por agua fría. Luego, se condimenta inmediatamente con la salsa del requesón, sin calentar. Se mezcla todo y se sirve.

PASTA DEL SUR

90 MIN. **4 RACIONES**

INGREDIENTES

Harina: 2 cucharadas, Huevos: 6 unids.
Macarrones: 500 grs.
Vino blanco seco: 2 cucharadas
Aceite: abundante
Mantequilla: 100 grs.
Pan rallado: 50 grs.
Queso mozzarella: 200 grs.
Aceitunas negras: 200 grs.
Orégano
Tomate triturado: 4 cucharadas
Pimienta, Sal

PREPARACION

Se baten los huevos con pimienta y sal, añadiendo la harina y el vino blanco; se añaden los macarrones ya hervidos al punto y escurridos, tras pasarlos por agua fría, y se pone en una sartén aceite abundante, y cuando humee se vierten los macarrones y la salsa, como para hacer una tortilla normal, dándole vuelta al cabo de 10 minutos, para cocerla por el otro lado. A continuación, se coloca esta tortilla en una cazuela refractaria untada con mantequilla y salpicada de pan rallado, se cubre la superficie con trocitos de mozzarella y se introduce al horno muy caliente unos 25 minutos. Acto seguido, se saca del horno, se vierte sobre la superficie un preparado de tomate batido con un chorrito de aceite y orégano picado, y se decora con las aceitunas deshuesadas. Se sirve muy caliente.

SOMBRERETES CON CALABAZA

200 MIN. **4 RACIONES**

INGREDIENTES

Calabaza amarilla: 2 kg.
Mantequilla: 200 grs.
Queso rallado: 100 grs.
Huevos: 2 unids.
Pan rallado
Nuez moscada
Pasta fresca para condimentar
Queso rallado o bien hojitas de salvia
Mantequilla
Sal

PREPARACION

Se pela la calabaza y se hierve, pasándola después por el tamiz. Se dora con mantequilla el queso parmesano, junto con los huevos, un buen puñado de pan rallado, una pizca de nuez moscada y sal. De esta manera, se compone una mezcla blanda. Aparte, se hace la pasta según la receta de pasta fresca y se forma una lámina fina. En la mitad de la misma, se colocan montoncitos del relleno hecho con la calabaza, se dobla la lámina y se forman los sombreretes en la forma que se desee. Se dejan reposar unas 2 horas. Luego, se pone al fuego abundante agua con sal y cuando hierve se echan dentro los sombreretes, que tan pronto floten en la superficie se recogerán con la espátula. Se condimentan con queso y mantequilla, o con la salvia picada y sofrita en mantequilla. Se sirven calientes.

CALABACINES RELLENOS

 $$$

60 MIN.   **4 RACIONES**

INGREDIENTES

Calabacines: 2 unids.

Cebolla colorada: 1 unid.

Ajos: 2 dientes

Cebolletas: 2 unids.

Albahaca: 1 manojo

Zanahoria: 1 unid.

Aceite de oliva: 4 cucharadas

Sal, Pimienta blanca molida

Queso rallado: 80-100 grs.

Huevos: 3 unids.

Galets: 150 grs.

Mantequilla para el molde: una cucharada

PREPARACION

Se parten los calabacines por la mitad a lo largo, y se cuecen entre 7 y 10 minutos. Mientras tanto, se pica la cebolla, se machacan los dientes de ajo, y las cebolletas se parten en anillos. Se trincha la albahaca (reservando un poco para la guarnición) y se raspa la zanahoria. Se echa aceite en una sartén o cazuela, que se pone al fuego, introduciendo en la misma las verduras revueltas y cociéndolas unos minutos, añadiendo los ajos y la albahaca, salpimentando y manteniéndolo al fuego 2 minutos más. Se ahuecan un poco los calabacines, y la pulpa sobrante se une a la masa de hortalizas, la cual se saca del fuego y se deja enfriar. Dos tercios del queso rallado se baten con los huevos y se vierten sobre la masa de hortalizas. La pasta italiana se hierve en agua salada unos minutos, se deja escurrir y se añade a la masa, que se salpimenta, y con ella se rellenan las mitades de calabacín. Se unta con mantequilla un molde adecuado y se disponen en él los calabacines, que se introducen en el horno entre 8 y 15 minutos a 200-210° C. Luego, se sirven adornados con la albahaca.

Los italianos son muy amantes de los calabacines, que pertenecen al género de las cucurbitáceas. Los calabacines son interesantes para la alimentación por su aporte de vitaminas, calcio y hierro. Esto, aparte del buen sabor que tiene esta hortaliza, realzado en este plato por los ingredientes que lo acompañan.

PASTA DE ALMENDRAS

75 MIN.   4 RACIONES

INGREDIENTES

Almendras: 200 grs.	
Azucar fina: 300 grs.	
Claras de huevo: 2 unids.	

PREPARACION

Se ponen las almendras en remojo en agua tibia, por espacio de unos 20 minutos, transcurridos los cuales se pelan y se secan en la placa del horno caliente, pero apagado. Acto seguido, se echan en el mortero y se pican hasta convertirlas en una pasta, a la que se incorporan poco a poco el azúcar y las claras de huevo, obteniendo así una masa bastante consistente. Puede perfumarse esta pasta con esencia de café o chocolate.

PASTA QUEBRADA

180 MIN.   4 RACIONES

INGREDIENTES

Harina: 300 grs.	
Mantequilla: 300 grs.	
Sal: una pizca	

PREPARACION

Se coloca la harina en una tabla de cocina, formando una balsa, y se le añade la sal, la mantequilla algo ablandada y a trocitos, y se mezcla con los dedos sin amasar. Se agregan cuatro cucharadas de agua y se mezcla rápidamente con la pasta hasta que ésta no se pegue a los dedos. Se le da forma de bola, se tapa y se deja en reposo en lugar fresco, durante una hora. Acto seguido, se estira con el rodillo hasta darle el espesor de 4 mm., y se forra un molde para tarta o varios moldes pequeños de tartaletas. Se cuece la pasta en el horno, que estará ya precalentado, si bien luego se debe moderar la llama. La cocción durará una media hora.

PASTA PARA OREJITAS

90 MIN.   4 RACIONES

INGREDIENTES

Sémola de mijo: 250 grs.
Harina integral para pastelería: 350 grs.
Huevos: 3 unids.
Clara: 1 unid.
Sal: 1 cucharadita

PREPARACION

Se mezcla la sémola con la harina integral y se coloca en una tabla, formando un hueco en el centro, donde se echa un huevo, batido, con sal, y se empieza a trabajar amasando bien. Cuando la harina haya absorbido el primer huevo, se añade el segundo, siempre amasando. Después, se juntan las 2 claras a la masa y, finalmente la yema restante. Se sigue trabajando hasta obtener una pasta homogénea, que se deja en reposo media hora en el frigorífico. Luego se saca y se amasa de nuevo, espolvoreando con harina la tabla. Se extiende una hoja espesa y de ésta se sacan varios pedacitos, a los que se da forma de orejitas, poniendo un trocito a la vez sobre la palma de la mano izquierda y dando en el centro un golpe con el pulgar de la derecha. Se secan bien las orejitas sobre una tela blanca, antes de cocerlas.

PASTA TOSCANA

75 MIN.   4 RACIONES

INGREDIENTES

Tomate triturado: 300 grs.
Cebolla: 1 unid.
Ajo: 2 dientes
Zanahoria: 1 unid.
Tallo de apio: 1 unid.
PImiento: 1 unid.
Albahaca: un puñado
Alcaparras: 20 grs.
Aceite: 1 vaso
Espaguetis: 500 grs.
Queso rallado
Pimienta
Vino blanco seco: 1 vaso
Orégano
Tocino magro: 50 grs.

PREPARACION

Se trincha la cebolla, los tomates, el pimiento, el ajo, la albahaca, la zanahoria, el apio, y se dora todo en aceite junto con el tocino bien cortado; se baña con el vino y se deja cocer una hora a fuego lento, removiendo de cuando en cuando. Finalmente, se añaden unas alcaparras, pimienta y orégano. Los espaguetis se hierven al punto, se cuelan y pasan por el agua del grifo, y se condimentan al momento con abundante queso rallado, y acto seguido con la salsa de las verduras.

CUADRADITOS CON NATA Y REQUESON

 $$

60 MIN.   **4 RACIONES**

INGREDIENTES

Para la masa de fideos:
Harina: 280-300 grs.
Huevos: 3 unids.
Una cucharadita de sal

Para la guarnición:
Tocino ahumado: 125-150 grs.
Manteca de cerdo: 60 grs.
Requesón: 400 grs.
Nata agria: 250 grs.

PREPARACION

Para la masa de fideos: para preparar la masa se procede como se indica en páginas introductorias. Después la masa se pasa por el rodillo para adelgazarla, y a continuación se corta en cuadrados de unos 2 cms. de grueso. Estos cuadrados se cuecen en agua con sal durante 2 ó 3 minutos, con una cucharada de aceite.

Para la guarnición: se corta en dados el tocino y se dispone en una sartén, donde se fríe. Luego, se apartan del fuego y se dejan escurrir, conserván-

dose calientes. También se escurren los cuadraditos. En la sartén donde está el tocino, se echa la manteca de cerdo y los cuadrados, ya escurridos, y se fríen ligeramente. Luego se disponen en una fuente a propósito, se guarnece con el requesón y la nata agria y se sirve, adornando con los dados de tocino muy fritos.

Este es un plato especial de la cocina bohemia. Puede consumirse mejor a temperatura ambiente.

PASTA AL QUESO

60 MIN.   **4 RACIONES**

INGREDIENTES

Harina fina: 250 grs.
Queso rallado (a ser posible parmesano, gruyère, ect...): 250 grs.
Huevos: 5 unids.
Sal

PREPARACION

En una tabla limpia y apropiada para amasar se echa la harina, mezclándola con el queso rallado. Se hace un hueco en el centro y se incorporan en él los huevos bien batidos, así como la sal y 1 vaso de agua tibia. Se trabaja bien la masa hasta que se obtenga la suficiente consistencia y elasticidad. Luego, se deja reposar durante 30 minutos. Finalmente, se extiende con la ayuda del rodillo, procurando que quede lo más plana posible. Se deja secar por ambas caras y se corta la pasta resultante de la forma que se desee.

Nota: todas estas pastas, de clásica elaboración italiana, son fáciles de elaborar, así como de coste reducido, con ingredientes sumamente populares. Se trata de pastas frescas, que cualquier amante de la cocina puede preparar en grandes o pequeñas cantidades. Se guardan, una vez secas, en cajas de hojalata con cierre hermético.

PASTA PARA CINTAS

60 MIN.   **4 RACIONES**

INGREDIENTES

Harina de trigo sarraceno: 400 grs.
Harina integral para pastelería: 100 grs.
Sal: 1 cucharada

PREPARACION

Se mezcla la harina de trigo sarraceno con la harina integral para pastelería. Se colocan las dos harinas en la tabla para formar la especie de volcán, haciendo un hueco en el centro, y en el mismo se echa la sal y agua tibia. Se empieza a trabajar formando la masa, y si hace falta se echa más agua templada para obtener una masa blanda que se trabaja con las manos y no se pegue a la tabla. Si la masa queda excesivamente blanda se añade un poco más de harina para llegar a la consistencia exacta. A continuación, se espolvorea la tabla con un poco de harina integral, se dispone encima la bola de pasta y se deja en reposo 15 minutos. Se cubre con un paño limpio. Pasado este tiempo se amasa de nuevo hasta que quede un conjunto homogéneo y liso. Acto seguido, se extiende la lámina, un poco gruesa, que se corta a tiras del ancho de un dedo. Se colocan estas tiras sobre una servilleta grande o mantel, separadas, antes de iniciar su cocción.

PASTA DE SÉMOLA

60 MIN. **4 RACIONES**

INGREDIENTES

Sémola cocida: 500 grs.
Huevos: 3 unids.
Harina fina: 50 grs.
Sal

PREPARACION

Se hace un montículo en una tabla limpia con la sémola cocida, practicando un hueco en el centro, agregando en él los huevos bien batidos, la sal al gusto y un vasito de agua tibia. Se amasa bien el conjunto hasta que se consiga una pasta consistente, instante en que se deja reposar durante 30 minutos, tapada con un paño limpio.

Pasado dicho tiempo, se extiende la masa con la ayuda del rodillo hasta que forme una hoja fina, enharinando la tabla y la superficie de la masa. Se deja secar la lámina obtenida, dándole la vuelta a fin de que se seque también por el otro lado. Finalmente, se corta en la forma que se desee.

PASTA FRESCA AL HUEVO

60 MIN. **4 RACIONES**

INGREDIENTES

Harina: 400 grs.
Huevos: 4 unids.
Sal

PREPARACION

Se pone la harina en la tabla de amasar y se hace un hueco en el centro, en el que se cascan los huevos, se procede a amasar y se agrega poco a poco 1 vasito de agua tibia, así como la sal. Se amasa todo bien hasta que se consiga una pasta elástica, dejándola reposar tapada con un paño limpio durante 30 minutos. A continuación, se extiende bien la masa con la ayuda del rodillo, se deja secar bien por ambas caras y se corta en la forma que se desee.

EMPANADAS

75 MIN.

$$

4 RACIONES

INGREDIENTES

Para la masa:

Harina de trigo: 170 grs., Harina de trigo sarraceno: 80 grs.

Huevos: 1 unid., Agua: 100 ml., Sal

Para el relleno:

Cebolla: 1 unid., Tocino ahumado: 60 grs.

Col fermentada: 150-200 grs., Granos de pimienta: 4-5 grs.

Enebrinas: 3 unids., Laurel: una hoja

Para la cocción:

Aceite: una cucharada

Para la guarnición:

Cebolla, Mantequilla o nata agria

PREPARACION

Para la masa: con las dos clases de harina, el huevo y el agua y se deja reposar una media hora.

Para el relleno: se pica la cebolla, y se corta en dados el tocino ahumado. Luego, se fríen en una cazuela. Se incorpora la col fermentada, y si es necesario se añade un poco más de agua.

Se agregan los granos de pimienta, las enebrinas y la hoja de laurel, se revuelve bien y se deja cocer entre 15 y 20 minutos. La masa de harina se corta en pedazos de un cm y medio de grueso, y luego en cuadrados de 5 o 6 cm de lado. Con una cucharita se va poniendo una parte del relleno en cada cuadrado, que se cierran doblándolos sobre sí mismos, y uniendo sus bordes con un poco de agua hirviendo, con una cucharada de aceite, y se cuecen durante unos 8 minutos. Se van retirando mediante una espumadera. A continuación, se depositan en una fuente. Pueden servirse adornadas con cierta cantidad de requesón, bien escurrido. También sirven para el adorno copos de mantequilla o de nata agria.

Estas empanadas son una especialidad de Ucrania, y constituyen una auténtica joya para el paladar, particularmente debido a la presencia de la harina de trigo sarraceno.

Nota: Estas empanadas resultan muy sabrosas acompañadas de alguna fruta de temporada, o bien peras o manzanas, y también cerezas. Pueden acompañarse o rellenarse con judías, setas o semillas de adormidera picadas.

CANELONES DE ATÚN Y CHAMPIÑONES

60 MIN. $$ **4 RACIONES**

INGREDIENTES

Canelones: 16 unids.
Atún en aceite: 300 grs.
Champiñones en lata: 100 grs.
Huevos duros: 2 unids.
Cebolla: 1 unid.
Queso rallado
Aceite
Tomate al natural: 1 lata de 1/2 kg.
Azúcar
Sal

PREPARACION

Se prepara una salsa de tomate de modo que quede espesa. Se preparan después los canelones según venga indicado en el paquete y se dejan escurrir sobre un paño. Se prepara a continuación el relleno sofriendo con medio vasito de aceite la cebolla picada fina hasta que comience a tomar color. Se añaden 2 cucharadas de salsa de tomate, el atún desmenuzado, los huevos duros y los champiñones picados. Se remueve, se comprueba el punto de sal y se retira del fuego. Se reparte el relleno por los canelones y se enrollan. En el fondo de una fuente para horno se esparce un poco de salsa de tomate, se colocan encima los canelones y se cubren con el resto de la salsa. Se espolvorean con queso rallado y se gratinan a horno fuerte.

PASTA DEL CAMPESINO

 $$

75 MIN. $$ **4 RACIONES**

INGREDIENTES

Jamón cocido y ahumado: 100 grs.
Salchichas picantes: 100 grs.
Mortadela: 100 grs.
Morcilla: 100 grs.
Manteca de cerdo: 50 grs.
Salvia
Romero
Vino tinto abocado: 2 vasos
Guisantes tiernos: 300 grs.
Macarrones: 400 grs.
Sal

PREPARACION

Se pican todos los embutidos y se doran con la manteca, batida, las hojitas de salvia y algo de romero, bañando poco a poco con el vino tinto abocado; se cuece, agregando al final los guisantes muy tiernos y un pellizco de pimienta. Se hierven en su punto los macarrones en abundante agua con sal, se escurren y se bañan con la salsa hirviendo. No hace falta queso rallado. Es plato único.

SOPA DE PASTAS ITALIANAS

90 MIN. **4 RACIONES**

INGREDIENTES

Pastas (fideos, conchitas, espaguetis, macarrones, etc...): 200 grs.
Caldo: 2 litros
Queso rallado (preferentemente parmesano): 100 grs.
Pimienta
Sal

PREPARACION

Si se van a usar pastas gruesas, es mejor cocerlas previamente en agua ligeramente salada durante 20 minutos. Si la pasta a usar es pequeña, se echa directamente en el caldo hirviendo, dejándose hasta que la pasta esté cocida. Si la pasta se ha hervido anteriormente, se echa en el caldo hirviendo y se deja unos minutos. El queso rallado se sirve aparte, en el momento que se presenta la sopa a la mesa.

CARACOLITO AL HORNO

60 MIN. **4 RACIONES**

INGREDIENTES

Pasta de la llamada «caracolito»: 250 grs.
Crema de leche: 1/4 de litro
Mantequilla: 50 grs.
Cebolla mediana: 1 unid.
Pimientos verdes: 2 unids.
Queso rallado: 100 grs.
Pimienta
Sal

PREPARACION

Se pone a hervir la pasta junto con la mitad de la cebolla en agua ligeramente salada. Cuando esté en su punto (unos 20 minutos), se escurre bien y se enfría bajo el grifo. Entretanto, se asan los pimientos y, una vez asados, se pican menudamente y se mezclan con el resto de la cebolla, también finamente picada, sazonando el conjunto con sal y pimienta al gusto. Acto seguido, se pone la mitad de la pasta en una fuente refractaria engrasada con mantequilla, poniendo encima la mitad de la salsa y la mitad del queso, volviendo a repetir la operación y terminando con una capa de queso y unos trocitos de mantequilla. Se pone en el horno a gratinar, a fuego moderado, por espacio de 20 minutos.

EMPANADILLAS CON GÉRMENES DE MUNGO

 $$$

75 MIN.   **4 RACIONES**

INGREDIENTES

Para la masa:
Sémola de grano duro: 120 grs.

Harina integral: 120 grs.

Huevos: 2 unids.

Yema de huevo: 1 unid., Sal

Para el relleno:
Cebolla: 1 unid., Ajos: 2 dientes

Aceite de soja: 2-3 cucharadas

Gérmenes de mungos (judías mungo): 200 grs.

Salsa de soja indonesia (Ketjap Manis): 9 cucharadas

Sambal Manis: una pizca

Yema de huevo: 1 unid.

Aceite de sésamo: 2 cucharadas

Para la cocción:
Aceite: una cucharada

PREPARACION

Para la masa: Se deja en reposo en una bandeja entre 45-60 minutos.

Para el relleno: se pica la cebolla y se machaca el ajo. Se pone el aceite al fuego y se fríen la cebolla, el ajo y los gérmenes, revolviendo bien, durante 4 o 5 minutos. A continuación, se agregan una cucharada de Ketjap Manis y una de Sambal Manis; se aparta del fuego y se deja enfriar.

Con la masa se forman las empanadillas, que se rellenan adecuadamente con el relleno ya cocido, y tras juntar los bordes de las empanadillas con yema de huevo, se cuecen en agua con sal y una cucharada de aceite, por espacio de 5 a 7 minutos. Una vez hechas, se van retirando por medio de una espumadera y se colocan en una fuente, que se adorna con salsa de soja y aceite de sésamo bien mezclados.

Los indonesios son un pueblo eminentemente vegetariano, que se alimenta preferentemente de los gérmenes de cereales y legumbres, aunque en su suelo se crían toda clase de plantas alimenticias y medicinales. El Ketjap Manis es una salsa semidulce del país.

ÑOQUIS DE SEMOLINA FRITOS

45 MIN.   **4 RACIONES**

INGREDIENTES

Semolina: 120 grs.
Nuez moscada
Aceite
Leche: 3/4 de litro
Sal

PREPARACION

Se cuecen los ñoquis, hirviendo la leche y el agua, durante unos 20 minutos, añadiendo al momento la semolina seca, y sin dejar de remover. Después, se extiende la semolina sobre la tabla de la cocina, en una capa de 1 cm. de espesor, aproximadamente. Se deja enfriar por completo y se corta en cuadraditos pequeños, de unos 3 cms. de lado. Acto seguido, se disponen, por tandas, en una sartén y se fríen en aceite bien caliente hasta que queden dorados por ambas caras.

SARTENADA DE FIDEOS

30 MIN.   **4 RACIONES**

INGREDIENTES

Jamón del país: 200 grs.
Aceite: 2 cucharadas
Col china: 1 unid.
Caldo de carne: 1/4 de litro
Tallarines: 250 grs.
Pimienta blanca
Tomillo: una pizca
Sal

PREPARACION

Se corta el jamón en dados y se fríen con el aceite. Se lava la col china, eliminando las hojas externas, se corta en tiras, se añade el jamón y se pone a cocer con agua, sal y pimienta molida, durante unos 20 minutos. Mientras tanto, se hierven los tallarines en agua con sal durante 10 minutos, se escurren, se pasan por el agua, se vuelven a escurrir y se añaden a la col, espolvoreando con un poco más de pimienta y decorando finalmente con el tomillo.

BUDÍN DE SEMOLINA

45 MIN.   **4 RACIONES**

INGREDIENTES

Semolina: 120 grs.
Agua: 1/2 litro
Extracto de levadura: 1/2 cucharadita
Leche: 1/2 litro
Queso rallado: 60 grs.
Mantequilla: 25 grs.

PREPARACION

Se mezcla el agua con la leche y se lleva a ebullición, añadiendo entonces el extracto de levadura. Luego se incorpora la semolina, sin dejar de remover continuamente, durante unos 20 minutos. Se derrite la mantequilla aparte y se vierte sobre la semolina. Se espolvorea con el queso rallado y se sirve caliente.

ÑOQUIS DE ESPINACAS

90 MIN.   **4 RACIONES**

INGREDIENTES

Patatas: 1 kg.
Espinacas: 1kg. y medio
Harina de maiz: 100 grs.
Unas ralladuras de nuez moscada
Huevos: 2 unids.
Mantequilla: 100 grs.
Queso rallado: 100 grs.
Sal

PREPARACION

Las espinacas, una vez minuciosamente lavadas, se hierven al vapor durante 10 minutos (con la olla tapada), sazonándolas con un buen puñado de sal. Luego se escurren bien y se prensan, a fin de que suelten todo el agua posible. Aparte se cuecen las patatas, pasándolas luego por el pasapurés. Se mezclan junto con las espinacas ya cocidas y prensadas, añadiendo el huevo bien batido, así como la harina de maíz poco a poco hasta que se consiga una pasta consistente. Se manufacturan los ñoquis y se apartan. Por último, se pasan por agua hirviendo ligeramente salada y con unas ralladuras de nuez moscada (uno por uno). Se disponen en una fuente refractaria que vaya bien en el horno, se rocían con mantequilla derretida, se espolvorean con abundante queso rallado y se gratinan a horno moderado durante 15 minutos. Se sirven calientes y doraditos.

EMPANADILLAS DE GAMBAS

75 MIN. $$$ **4 RACIONES**

INGREDIENTES

Para la masa:
Harina: 180-200 grs., Agua: 100 ml.

Para el relleno:
Gambas cocidas: 20 grs., Puerros: 100 grs.

Licor de arroz: una cucharada

Aceite de maíz: una cucharada

Salsa de ostras: una cucharada

Carne de cerdo picada: 225 grs.

Sal, Pimienta negra molida

Para el aderezo:
Salsa de soja: 3 cucharadas

Vinagre: una cucharada

PREPARACION

Para la masa: se echa la harina en una bandeja y se pone al baño maría, con los 100 ml de agua, revolviendo bien, hasta que la harina quede bien desleída. Se vierte esta harina en una bandeja de porcelana o cerámica, y se deja reposar una media hora.

Para el relleno: se cuecen las gambas en agua con sal. Se limpian los puerros y se cortan en anillos; luego, se cuecen con el licor de arroz, el aceite de maíz y la salsa de ostras, junto con la carne picada, mezclando bien todo. Se cortan muy menudas las gambas, ya peladas, y junto con dos cucharadas de su propio caldo se añaden a la came. Se salpimenta todo el conjunto. Se forman los triángulos para las empanadillas, y convenientemente se disponen cucharaditas del relleno, cerrando después cada triángulo sobre sí mismo, y dando forma a los rebordes, bien aplastados. Después, se cuecen en agua con sal por espacio de 9 o 10 minutos. Se sirven bañadas en salsa de soja y vinagre.

Se trata aquí de un plato típicamente chino, enriquecido por la salsa de soja y el vinagre, que puede sustituirse por aceite de guindillas, lo que confiere a estas empanadillas un sabor picante.

Nota: Estas empanadillas resultan todavía mejores si se consumen al día siguiente de ser confeccionadas.

TARTAS DE SEMOLINA

60 MIN.   **4 RACIONES**

INGREDIENTES

Semolina: 120 grs.
Huevo: 1 unid.
Extracto de levadura: 1/2 cucharadita
Aceite para freír
Sal al gusto
Leche mezclada con agua: 3/4 de litro

PREPARACION

Se hierven la leche y el agua mezcladas, se agrega el extracto de levadura y la sal. Acto seguido se incorpora la semolina seca, removiendo constantemente, y se cuece por espacio de 20 minutos. La semolina, también cocida aparte, se extiende sobre una bandeja plana o la tabla de amasar, y se forma una masa de unos 2 cms. de espesor. Luego, se deja enfriar, y ya enfriada, se cortan ruedas de unos 6 cms. de diámetro. Se bate el huevo y las tortitas se pasan por el mismo, friéndolas después por ambas caras hasta que queden ligeramente doradas.

ÑOQUIS DE SEMOLINA

60 MIN.   **4 RACIONES**

INGREDIENTES

Semolina: 120 grs.
Huevos: 2 unids.
Leche: 1 taza
Queso rallado: 50 grs.
Mantequilla: 25 grs.
Leche con agua: 3/4 de litro
Nuez moscada
Sal

PREPARACION

Se cuece la semolina con la sal y la nuez moscada, antes de hervir el agua con la leche. Se coloca la semolina en una bandeja y se extiende formando una capa de 2 cms. de espesor. Se deja enfriar por completo. Entonces, se corta la masa a cuadraditos pequeños, de unos 3 cms. de lado, y se disponen en un molde refractario, hasta llenarlo. Se baten los huevos con la leche y se vierten sobre los ñoquis, que se cubren con queso rallado y copitos de mantequilla, y se mete al horno, a 180° C por espacio de 45 minutos.

BUCATINIS BRAVÍOS

30 MIN.   **4 RACIONES**

INGREDIENTES

Mantequilla: 50 grs.
Gambas hervidas: 150 grs.
Cebolla: 1 unid.
Nata fresca: 50 grs.
Curry: 1 cucharadita
Tomillo y mejorana
Bucatinis (especie de espaguetis agujereados): 400 grs.
Sal

PREPARACION

En una olla se doran la mantequilla, la cebolla pelada y picada, y se incorporan las gambas, la nata, el tomillo, la mejorana y el curry. Se espesa la salsa a llama baja, removiendo de vez en cuando. En una olla aparte se ponen los bucatinis con agua abundante y sal, y se remueven a menudo. Al llegar a su punto, se escurren y pasan por agua del grifo, y se condimentan con la salsa, sin necesidad de queso rallado.

BUCATINIS NAPOLITANOS

105 MIN.   **4 RACIONES**

INGREDIENTES

Bucatinis: 400 grs.
Carne de jabato: 400 grs.
Vino blanco seco: 1 vaso
Aceite: 1 vaso
Ajo: 1 diente
Cebolla: 1 unid.
Aceitunas verdes: 200 grs.
Hígado de jabato o ternera: 100 grs.
Caldo de cubito
Queso rallado: 100 grs.
Hojitas de menta y de orégano
Sal

PREPARACION

Se pica la carne de jabato y se dora en aceite y la cebolla pelada y picada, añadiendo las hojitas de menta desmenuzadas, y un diente de ajo pelado y picado. Se mezcla todo bien, se añaden las aceitunas verdes deshuesadas, junto con el vino blanco, y se prosigue la cocción, hasta que finalmente se le incorporan el hígado picado y el caldo. Se cuece normalmente la pasta en abundante agua con sal, se escurre y pasa por el agua del grifo, y se condimenta con un puñado de queso rallado y una pizca de orégano; luego, se le incorpora el jugo hirviendo, se mezcla todo bien y se sirve.

EMPANADILLAS DEFORMES

120 MIN.   **4 RACIONES**

INGREDIENTES

Para la masa:
Harina: 300 grs.

Huevos: 1 unid.

Sal

Agua: 1/8 de litro

Para el relleno:
Cebolla: 1 unid.

Coriandro: 1 manojo

Carne de pescado: 300 grs.

Agua: 3-4 cucharadas

Sal, Pimienta negra molida

Comino: una cucharadita

Mantequilla o aceite para untar

Nata agria: 200 grs.

Yogur: 100 grs.

PREPARACION

Para la masa: Se deja reposar durante unos 40 minutos en una bandeja de cerámica (loza) o porcelana.

Para el relleno: mientras tanto, se pela y pica la cebolla, se suprimen los tallitos del coriandro, y la carne se pica. Estos ingredientes se cuecen en agua, con sal, pimienta y comino. La masa se corta en cuadrados de uno o dos mm de grosor y 8 o 10 cm de lado. En el centro de una mitad de cada cuadrado se disponen una o una media cucharaditas de relleno de carne, y se doblan sobre sí mismos, juntando los bordes humedeciéndolos con un poco de agua, y dándoles una forma almenada. Se colocan encima de un paño limpio. Se calienta agua en una olla capaz, y las empanadillas se disponen encima, solamente al vapor, hasta que queden bien al punto. Si es preciso, puede añadirse más agua para que la operación dure hasta que las empanadillas queden bien cocidas. Acto seguido se dejan en reposo unos 35 minutos, y se sirven rodeando la mezcla de nata agria y yogur, salpimentados. Se adorna con hojitas de coriandro.

Estas empanadillas son una rica especialidad de las tierras situadas en Amudarja y Sydarja, muy apreciadas en las regiones del Medio Oriente.

BUCATINIS AL PATO SILVESTRE

75 MIN.   **4 RACIONES**

INGREDIENTES

Pato silvestre pequeño: 1 unid.
Limones: 2 unids.
Anchoas: 4 unids.
Vino tinto fuerte: 1 vaso
Caldo concentrado: 1 vaso
Nuez moscada, Aceite: 1 vaso
Alcaparras: 30 grs.
Mantequilla: 100 grs.
Bucatinis: 400 grs.
Pimienta, Harina blanca, Sal

PREPARACION

Se limpia el pato, se flamea y se lava con agua acidulada con limón. Luego, se corta a pedazos. Se pican bien las anchoas y las alcaparras, se incorpora el zumo de otro limón, 30 gr. de mantequilla y 2 cucharadas de harina blanca para ligar el jugo. A esta mezcla se le incorporan los trozos de pato, añadiendo el resto de la mantequilla y un buen chorro de aceite, y se empieza la cocción a llama moderada, hasta que la carne tome color. Entonces, se baña con el caldo y vino tinto mezclados y se cuece bien para poder deshuesar el pato. La carne deshuesada se pasa por la batidora con el jugo, y se conserva caliente. Se sazona esta salsa con pimienta, sal y un poco de nuez moscada. Aparte, se hierven los bucatinis en abundante agua con sal, se escurren y se pasan por agua fría, y después se bañan con la salsa bien caliente.

PASTA CON CONEJO A LA SICILIANA

105 MIN.   **4 RACIONES**

INGREDIENTES

Conejo cocido: 350 grs.
Aceite: 1 vaso
Pasta de sémola de trigo duro: 400 grs.
Salvia: 1 ramito
Mirto: 1 ramita
Vino blanco seco: 1 vaso
Nata: 1/4 de litro
Albahaca
Pimienta
Caldo de cubito: 1 vaso
Sal

PREPARACION

Se pica la carne cocida de conejo y se dora en aceite, con salvia, mirto y vino blanco, bañándola luego con el caldo. Se cuece bien, sazonando con pimienta y sal. A continuación, se pasa todo por el molinillo o la batidora, se agrega la nata y se guarda en caliente. Aparte, se hierve la pasta en abundante agua con sal, se escurre y se pasa por agua fría, y al momento se condimenta con la salsa caliente. Se mete unos minutos en el horno, a ser posible en una cazuela de barro, y se sirve. Puede adornarse con albahaca picada.

EQUIVALENCIAS LATINOAMERICANAS

Aceituna: oliva.
Aguacate: palta, avocado.
Albahaca: alábega, alfábega.
Albaricoque: damasco, chabacano.
Alcachofa: alcací, alcuacil.
Alcaparra: cápara.
Alubia: habichuela.
Azafrán: bijol, brin.
Bacalao: abadejo.
Boniato: camote.
Butifarra negra: morcilla.
Cacahuete: maní.
Calabaza: auyuma, zapallo.
Calabacín: zapallito, zapallito italiano, zambo.
Callos: guatita, menudo, mondongo, pancita, vientre.
Canapé: pasabocas, pasapalos.
Cerdo: chancho, puerco.
Cochinillo: lechón.
Col: repollo, berza.
Coliflor: brécol.
Comino: kummel.
Coriandro: cilantro.
Champiñón: seta.
Chuleta: coteleta.
Encurtido: pickle.
Endivia: escarola.
Fécula de maíz: maicena.
Fécula de patata: chuño.
Fresa: frutilla.
Fuente: platón.
Garbanzo: mulato.
Gelatina: granetina.

Guisante: arveja, chícharo.
Hervir: salcochar.
Jamón: pernil.
Judía blanca: poroto, frijol, faba.
Judía verde: chaucha, ejote, bajoca, poroto verde, vaina.
Limón: citrón.
Maíz: choclo, abatí, elote, cenancles.
Manteca: grasa.
Mantequilla: manteca.
Mejillón: chorito, choro.
Melocotón: durazno.
Menta: hierbabuena.
Merluza: corbina.
Nabo: cayocho.
Nata líquida: crema de leche.
Patata: papa.
Pato: parro.
Pavo: guajolote, chuchimpe, chumpipe, mulito.
Pimentón: chile en polvo.
Pimiento: chile, ají, conguito, chilchote.
Piña: ananás.
Plátano: banana, cambur.
Posta: carne seca, cecina, tasajo, charqui.
Puerro: poro, porro, porrón.
Puré de patata: naco.
Remolacha: betabel, beterraga.
Requesón: ricota, queso blanco.
Sofreír: saltar.
Tocino: murceo, panceta.
Tomate: jitomate.
Uva pasa: pasa de uva.

INDICE

Introducción 5
La pasta hecha en casa 7
Simbología 10
Canelones de pollo 11
Canelones a la catalana 11
Canelones rellenos de caza mayor 12
Pappardelle con menudillos 14
Macarrones con queso 14
Sopa de macarrones 15
Pasta fresca de avena 15
Pañuelitos enrollados 16
Macarrones con picadillo de carne 18
Pasta para fideos 18
Polenta con salchichas 19
Tarta de macarrones 19
Canelones de harina integral con relleno de carne 20
Macarrones a la marinera 22
Tallarines con chorizo 22
Espaghetis a la española 23
Fideos a la cazuela (I) 23
Pesto a la menta sobre macarrones 24
Tornillos de Gerona 26
Macarrones con becadas 26
Macarrones con perdices 27
Macarrones con salsa de venado 27
Cuadrados al estilo austríaco 28
Macarrones a la mojama 30
Macarrones con pimientos 30
Macarrones a la duquesa 31
Macarrones con calamares 31
Lasaña a la almendra con judías secas 32
Tortilla de macarrones 34
Macarrones en salsa catsup 34
Macarrones a la provenzal 35
Macarrones gallegos 35
Lasaña al perejil con mejillones 36
Potaje con cintas 38
Macarrones gustosos 38
Panadones de espinacas 39
Macarrones con paté 39
Lasaña al salmón 40
Macarrones con higadillos 42

Macarrones Saboyarda 42
Macarrones con crema de cebollas 43
Tarta adobada de macarrones 43
Pasta rellena 44
Macarrones a la lionesa 46
Macarrones gratinados 46
Macarrones a la boloñesa 47
Macarrones al huevo gratinados 47
Gratinado con pepinillos 48
Macarrones al estilo mexicano 50
Macarrones a la crema 50
Huevos al plato con macarrones 51
Risolas de macarrón 51
Cintas a la salvia 52
Pappardelle con liebre 54
Macarrones al gratín 54
Pastaflora 55
Tallarines con verduras 55
Sopa de fideos con lentejas y carne de cordero 56
Tallarines con jamón 58
Budín de tallarines y tomates 58
Espaguetis con carne de cerdo 59
Tallarines con carne de cordero 59
Fideos de escanda con dos salsas 60
Sopa de tallarines 62
Espaguetis a la reina 62
Espaguetis con cordero 63
Fideos con espárragos 63
Fantasía marroquí 64
Fideos aromáticos 66
Tallarines a la napolitana 66
Fideos con tocino 67
Espaguetis a la guindilla 67
Plumas estriadas 68
Espaguetis y almejas 70
Tallarines con pato 70
Tallarines con venado 71
Pizza napolitana 71
Sopa de legumbres con fideos finos 72
Fideos con berenjenas 74
Espaguetis a la peruana 74
Fideos con anguila 75
Espaguetis a la provenzal 75
Caracoles con fideos de adormidera 76
Tallarines con nata y caviar 78
Fideos con guindilla 78
Espaguetis con mariscos 79

Tallarines con puerros 79
Caldereta de fideos de arroz con camarones 80
Espaguetis con atún 82
Espaguetis con mejillones 82
Espaguetis con anchoas y aceitunas 83
Tallarines con zanahorias 83
Cintas con ragú de liebre 84
Espaguetis a las finas hierbas 86
Espaguetis al foie-gras 86
Cocido de espaguetis 87
Tallarines con hierbas aromáticas 87
Impresión japonesa 88
Sopa de fideos 90
Espaguetis a la napolitana 90
Tallarines con atún 91
Tallarines estofados 91
Bolsitas rellenas 92
Fideos con salsa de tomate 94
Fideos a la cazuela (II) 94
Tallarines con albóndigas 95
Raviolis a la romana 95
Revoltillo gratinado 96
Espaguetis a la florentina 98
Tallarines caseros 98
Raviolis caseros 99
Relleno de raviolis 99
Raviolis 100
Fideos con mejillones 102
Raviolis con salsa de tomate 102
Empanada de atún 103
Migas 103
Raviolis al estilo genovés 104
Pizza con pan de molde 106
Pizza saporita 106
Macarrones al natural 107
Macarrones con coliflor 107
Raviolis cuadrados 108
Pizza de champiñones 110
Pizza trovatore 110
Pizza clásica 111
Pizza mozzarella 111
Tortellini al estilo de Bolonia 112
Pizza al jamón 114
Pizza gustosa 114
Masa para pizza 115
Pizza cuatro estaciones 115
Raviolis con relleno de champiñones 116

Pasta de Livorno 118
Pasta con ragú al atún 118
Pastel de bacon 119
Pastel de jamón 119
Triángulos rellenos 120
Torta de queso y cebolla 122
Pastel de tortellini 122
Panecillos rellenos 123
Panecillos fritos 123
Menestra 124
Pastel de macarrones 126
Pasta campestre 126
Pasta y tripa 127
Tornillos a la napolitana 127
Cangrejos en conchitas 128
Pasta piamontesa 130
Pasta al requesón 130
Pasta del sur 131
Calabacines 131
Pasta de almendras 134
Pasta quebrada 134
Pasta para orejitas 135
Pasta Toscana 135
Cuadraditos con nata y requesón 136
Pasta al queso 138
Pasta pata cintas 138
Pasta de sémola 139
Pasta fresca al huevo 139
Empanadas 140
Canelones de atún y champíñones 142
Pasta del campesino 142
Sopa de pastas italianas 143
Caracolito al horno 143
Empanadillas con gérmenes de mungo 144
Ñoquis de semolina fritos 146
Sartenada de fideos 146
Budín de semolina 147
Ñoquis de espinacas 147
Empanadillas de gambas 148
Tartas de semolina 150
Ñoquis de semolina....................................... 150
Bucatinis bravíos 151
Bucatinis napolitanos 151
Empanadillas deformes 152
Bucatinis al pato silvestre 154
Pasta con conejo a la siciliana 154
Equivalencias latinoamericanas 155